MOEDERSCHOK

Sabine Fürbringer

MOEDERSCHOK

Vertaald door Geraldine Damstra

uitgeverij KOK

BIJBEL, HUWELIJK EN GEZIN

Betrouwbare boeken van Uitgeverij Kok over huwelijk en gezin

www.kok.nl
De Duitse editie is uitgegeven onder de titel *Mutterschock*

Deze uitgave kwam tot stand via Claudia Böhme Rights & Literary Agency, Hannover, Duitsland (www.agency-boehme.com)
Omslagontwerp: Garage BNO
ISBN 978 90 435 1644 0
NUR 707/850

Voor Serafin en Milena

Inhoud

Voorwoord

'Met moeders kun je geen goed gesprek meer voeren. Ze zijn met hun hoofd totaal ergens anders en het gaat nergens over.' Jaren terug hoorde ik een vrouw van mijn leeftijd, ze had zelf nog geen kinderen, op een feestje deze opmerking maken. In haar kennissenkring vonden zichtbaar veranderingen plaats. Om haar heen groeiden de buiken van haar vriendinnen en negen maanden later herkende ze hen nauwelijks nog. Ze sleepten permanent een bundeltje met zich mee, dat – in het beste geval – allerlei klokkende en kirrende geluidjes maakte en vochtig zure geurtjes verspreidde. Soms veranderde echter ook het geluidsniveau en de geurnuance, hetgeen leidde tot een hectische reactie van de moeder en meestal een abrupte wisseling van decor.

Ik behoorde indertijd ook tot de club van nieuwbakken moeders en had inderdaad soms ook het gevoel dat niet alleen onze zoon ter wereld was gekomen, maar ikzelf ook. 'Met het hoofd ergens anders' en 'het gaat nergens over', dat klopte inderdaad. Ik was chronisch oververmoeid en niet in staat ook maar het kleinste karweitje in één keer af te maken, mijn hoofd stond absoluut niet naar intellectuele hoogstandjes. En zette ik vroeger samen met anderen de prachtigste filosofische bomen op, vanaf dat moment waren meer concrete onderwerpen interessant: slaapt die van jou al door? Zal ik hem laten inenten of niet? Welke groentesoorten zijn het meest geschikt voor zijn eerste hapje? Oppervlakkige gespreksonderwerpen? Natuurlijk, het merk luier dat mijn baby draagt is van weinig belang voor het voortbestaan van deze planeet. Maar doordat door deze gebeurtenis de gezinsverhoudingen veranderen, is het wel belangrijk de juiste beslissingen te nemen, zodat er overdag en 's nachts weer enige rust ontstaat in huis. De vervulling van deze elementaire behoeften is opeens heel belangrijk, omdat dat niet meer vanzelfsprekend is.

Dat 'het gaat nergens over' liet mij niet meer los en lijkt mij een contradictie. Zeker, dat is een gevaar van het moederschap, maar geldt dat niet voor meer taken in het leven? Zou het niet kunnen zijn dat God juist door middel van doorwaakte nachten, uitgelaten en doelloos rondspringen, aan de huiselijke omgeving gebonden zijn of schipperen iets in ons probeert te kweken dat diepgang heet? Een diepgang die niet meteen in woorden te vatten is, die ook niet snel even wordt verkregen, maar die ontstaat door de talloze kleine ervaringen in het leven van alledag. God, die ook een God is van de kleine dingen en van de niet-spectaculaire routine, wil misschien juist op dat gebied aan het woord komen, zich openbaren en zijn geest over ons uitstorten. Misschien wil hij ons potentieel ontwikkelen, dingen tot uitdrukking laten komen waar we nooit van hadden durven dromen. Hij reinigt ons door deze processen en plant nieuwe vaardigheden in ons. En het beste van dat alles is: het gebeurt allemaal in een omgeving waarin we principieel van elkaar houden.

Om de veranderingen te kunnen laten plaatsvinden, moet ik actief willen zijn en bereid zijn juist wat deze kleine dingen betreft een lange adem te hebben, op zoek te gaan naar God, altijd vertrouwen te hebben in hem en in het feit, dat hij over de berg wasgoed heen kijkt naar het Beloofde Land en mij daar naartoe wil leiden. De Bijbel staat vol verhalen van mensen met wie God deze weg is gegaan. Een aantal van hen stemde ermee in en was bereid hem volledig te vertrouwen en zich in de soms zeer moeilijke fasen in hun leven toch vast te houden aan hem. Daardoor werd hun relatie met God intiemer en werden de vruchten ervan zichtbaar. Anderen verzetten zich van meet af aan of haakten onderweg af. Hun leven bereikte nooit de volheid die God hun eigenlijk had willen doen toekomen.

Dit boek is bedoeld als bemoediging. Het is geschreven voor vrouwen – met name vrouwen met een gezin (en wellicht ook voor hun mannen) – die in hun dagelijkse leven verlangen naar Gods aanwezigheid. Vrouwen die bereid zijn om toe te staan dat zijzelf veranderen. Elf jaar moederschap ligt achter mij. De innerlijke onrust was regelmatig zeer heftig, hoogte- en dieptepunten wisselden elkaar af. Maar bovenal weet ik zeker dat ik in deze jaren dichter bij God ben gekomen en het ware leven een stuk meer op het spoor ben. Die rijkdom wil ik delen met jou.

(1)
Isolement

Ken je het gevoel dat je ergste vrees bewaarheid wordt? Je voelt je machteloos, omdat je denkt op een dood spoor te zitten, waaruit je ondanks alle eerdere pogingen geen uitweg meer hebt weten te vinden. Je zit er middenin!

Mijn start als jonge moeder voelde in veel opzichten als een dood spoor. Het ergste was dat ik mij bedrogen voelde door God, omdat hij mij überhaupt zo ver had gekregen dat ik het risico nam om een gezin te stichten.

Mijn ideeën over het moederschap waren weliswaar niet negatief, maar ik had de indruk dat het 'werkelijke' leven – of in elk geval dat wat het interessant maakt – zich niet achter het fornuis, de commode of in een speelgroep voor baby's afspeelt. Ik had een diepe angst dat ik – nadat ik was gestopt met mijn werk, waar ik zo verknocht aan was – in het diepe gat zou vallen van het saaie, eenzame, absoluut niet aanlokkelijke huishouden en zou verzuren. Ik heb deze angst voorgelegd aan Jezus. 'Ik ben het leven' was zijn antwoord en dat verdreef mijn angst. Het leven wordt niet bepaald door een carrière of een gezin, aanzien of de zoektocht naar een bevredigende taak, Jezus zelf is het leven. Als wij hem meer ruimte geven, verbreidt het leven zich in ons. Hij is niet afhankelijk van uiterlijke omstandigheden. Sterker nog, wij worden soms zo door externe omstandigheden in beslag genomen, dat ze ons in de weg staan om het ware leven vast te grijpen.

Ik aanvaardde dus Gods roeping om moeder te worden. Ik had zijn belofte en was nog vastbeslotener om erachter te komen wat het ware leven inhield.

Zo had ik het me echter niet voorgesteld. Ik had na de geboorte van mijn eerste, in de fase dat ik borstvoeding gaf, nog maar één verlangen: slapen. En precies dat was mij niet meer vergund. Ik had mij nog nooit zo uitgeput gevoeld. Het feit dat ik lichamelijk opgebrand was, uitte zich al heel snel ook in psychische problemen. Veel moeders hebben last van verhoogde prikkelbaarheid, gebrek aan concentratie, verminderde belangstelling of depressieve gevoelens, en zo verging het mij ook. Met mijn nieuwe rol veranderde ook mijn relatienetwerk. Mijn relaties werden vluchtiger. Ik had geen contact meer met collega's; in de plaats waar ik woonde, kende ik niemand omdat we net waren verhuisd. Mijn familie woonde in een andere stad en de jonge gemeente waar we net lid van waren geworden, was totaal niet ingesteld op jonge gezinnen. Wat de directe buren betreft: ik zat tussen gepensioneerden in een weliswaar rustige, maar compleet vergrijsde buurt. Deelden mijn man en ik voorheen zelfs ons kantoor, nu zagen we elkaar pas 's avonds, hetgeen ook in onze relatie leidde tot een geheel nieuwe situatie. Zijn dagelijkse telefoontjes hielden mij op de been, al was hij vaak de enige volwassene met wie ik in die beginmaanden een gesprek had. Ik was zo blij als ik in de waskelder van ons huurhuis[1] eens iemand tegen het lijf liep. Dan nam ik op de koop toe dat het een kletspraatje was over artritis of de vraag of de komkommers in het volkstuintje wel wilden groeien.

Hoe zat het ook alweer met Jezus, die het leven is? Ik was hem volledig kwijt. Dat kwam waarschijnlijk deels nog door de hormonen, ik werd in elk geval steeds gefrustreerder en had geen lol meer in het leven. Iets was er verkeerd gegaan. Ik had een gezond, schattig en makkelijk knulletje in mijn armen, van wie ik meer hield dan van wat ook. Het lukte me alleen niet al die veranderingen geestelijk te verwerken.

---

1 In Duitsland heb je veel appartementencomplexen waarin een aantal gezinnen gezamenlijk faciliteiten deelt, waaronder een waskeuken/-kelder (noot van de vertaler).

De werking van God in het eigen hart verstaan

Isolement en eenzaamheid zijn problemen die vaak voorkomen bij jonge moeders, vooral na de geboorte van hun eerste kind. Ons leven speelt zich af in verschillende werelden, die voor een deel geen raakvlakken meer hebben. De overgang naar de wereld van de moeders en de huisvrouwen kan leiden tot een regelrechte 'cultuurschok'.

Perioden waarin mensen zich geïsoleerd voelen – ze worden afgesneden van hun sociale netwerk, relaties vervluchtigen en God lijkt zich zelfs terug te trekken – zijn echter niet alleen van deze tijd. Toegegeven, door de zeer sterke individualisering in onze maatschappij raken steeds grotere groepen mensen geïsoleerd, het wordt een massaverschijnsel. In de Bijbel vinden we echter ook mensen die door perioden van grote eenzaamheid gingen. Kennelijk wil God in deze fasen iets in ons laten groeien dat alleen in eenzaamheid kan ontstaan.

De gemeenschap waartoe wij behoren, speelt in elke fase van onze spirituele ontwikkeling een andere rol, opdat we de weg naar de volwassenheid vinden in onze relaties met onze broeders en zusters. Aan het begin van ons nieuwe leven met God zijn we in zekere mate afhankelijk van ervaren christenen, wat volstrekt gezond is en zeer heilzaam. Iemand moet ons leren hoe we het geestelijke voedsel tot ons kunnen nemen; die persoon moet de melk op de juiste temperatuur brengen, het flesje geven en hulp bieden wanneer iets ons zo zwaar valt dat we er oprispingen van krijgen. Uit de Bijbel lezen, bidden en het nieuwe leven moeten worden aangeleerd. De navolging van Christus vereist een mentor. We worden daarin steeds zelfstandiger, ontdekken op eigen houtje Gods geheimen, ondervinden wellicht ook teleurstellingen, omdat de broeders en zusters in het geloof die we tot dan toe bewonderden nu eenmaal ook hun zwakheden hebben. Daarna volgt een fase van onafhankelijkheid. God en ik kunnen het wel vinden met elkaar. Genieten we volop van deze periode – inclusief de brokken bij de landing – dan zijn we daarna klaar voor de wederzijdse afhankelijkheid. Ik weet wie ik ben in

Christus, ik ken mijn talenten en weet wat mijn grenzen zijn. Ik wil ze inzetten voor het welzijn van de gemeenschap en dienstbaar zijn. Ik ben mij echter duidelijk bewust van het feit dat ik niet zonder mijn broeders en zusters kan en afhankelijk ben van hen, en dat we allemaal de behoefte hebben elkaar aan te vullen. Samen bouwen we aan Gods rijk en zullen we in de eeuwigheid verkeren bij God.

Soms word ik ongewild ineens indringend geconfronteerd met zo'n periode van onafhankelijkheid. Dan raak ik in een isolement. Aan de hand van de levensverhalen van individuele personen die de Bijbel ons vertelt, wordt vervolgens langzaam duidelijk wat Gods bedoeling is met dit op het eerste gezicht nutteloze lijden en welke vruchten we daarvan mogen verwachten. Het helpt mij altijd zeer om er op die manier naar te kijken. Ik voel me dan getroost, ook al verandert er vooralsnog niets aan de concrete randvoorwaarden.

Om te beginnen zijn perioden van isolement niet typisch een vrouwenaangelegenheid, maar door God doelbewust gecreëerde perioden waarin we het gevoel hebben dat we in ons uppie in de woestijn zitten, maar waarin hij in ons werkt en de waarheid in ons leven brengt. Ik werd ertoe aangemoedigd en erdoor bemoedigd de crisis die zich voor mijn ogen ontwikkelde niet te beschouwen als tegenslag, maar ervoor te vechten dat 'alles bijdraagt aan het goede' (Romeinen 8, 28). Wanneer ik mij verzet tegen anderen en problemen veroorzaak, dan kunnen die mij niet vernietigen, maar moeten ze op de een of andere manier profijt opleveren voor de eeuwigheid. En als ik dan zie dat andere mensen – ook mannen – in precies dezelfde innerlijke strijd verzeild kunnen raken, hoewel hun leefomgeving een heel andere is dan de mijne, dan hoef ik niet meer te werken aan de omstandigheden, maar kan ik mij richten tot de kern van de zaak: wat, respectievelijk wie hier moet worden veranderd, ben ik.

Robert Clinton, professor Leiderschap aan het Fuller Theological Seminary, legde in zijn colleges de nadruk op een centrale waarheid over de bron van de christelijke dienst: 'De dienst vloeit voort uit het zijn.'[2] Natuurlijk spelen aanleg en bekwaamheid een rol, soms is ook de positie belangrijk. Maar uiteindelijk gaat het om het zijn. Geestelijk gezag vindt zijn oorsprong in de intieme relatie met God. De intimiteit groeit door de gemeenschappelijke ervaringen met deze God. Dat gaat gepaard met krachtige momenten waarin hij zijn macht toont in het bijzijn van deze mens, evenals met uren van vertwijfeling in het verborgene. God gebruikt deze ervaringen in het isolement om dingen in ons te bewerkstelligen die anders nooit zouden kunnen gebeuren. Deze perioden van eenzaamheid vormen juist vaak een poort naar een nieuwe periode van groei naar algemene volwassenheid. Ze kunnen daarom ook in heel verschillende perioden in iemands leven opduiken. We hebben er het meeste profijt van wanneer we ondanks de pijn die gepaard gaat met het isolement, erkennen dat God door deze pijn in ons werkt, vooral aan ons karakter.

Jozef uit het Oude Testament is een voorbeeld van iemand die nogal onverwacht en plompverloren afgesneden wordt van zijn leefomgeving, waardoor hij zijn privileges, vrienden en invloed kwijtraakt. Zonet vertelde hij nog trots over zijn dromen. Ja, hij is een bijzonder iemand, die zich onderscheidt van zijn broers. En door zijn vader wordt voorgetrokken. Op zijn leven rust een goddelijke bestemming, daar is hij zich heel goed van bewust. Met Gods belofte van een invloedrijke toekomst komt hij terecht in de slavernij en vervolgens zelfs in de gevangenis. Maar liefst twee keer wordt hij bedrogen. In zijn jaren in den vreemde, in de gevangenis en als slaaf verandert zijn karakter. Jozef verloor nooit het geloof in zijn bestemming. Als een licht aan de horizon wees zijn bestemming hem de weg door de donkere perioden. Onderweg, in de duisternis, bracht God Jozefs arrogantie en zelfvertrouwen echter aan het wankelen. God week nooit van zijn zijde en herstelde wat kapot was, zodat Jozef de mens kon worden

2 Deze kerngedachte ontvouwt Robert Clinton ook in zijn boek: Richard Clinton/Paul Leavenworth, *Leiterschaft – wie fange ich an?*, Oberweningen, 1997

zoals God hem had geschapen. Dat versterkte in hoge mate Jozefs vertrouwen in God.

Vlak voor de eerste verjaardag van onze zoon, toen ik nog midden in mijn duistere isolement zat, hielp een buitenstaander mij te begrijpen wat er met mij gebeurde. Hij gebruikte daarvoor een plaatje uit de bergen van Zwitserland: 'Wie met de trein door de Gotthard rijdt, ziet op de noordelijke oprit iets interessants. Ter hoogte van Wassen – met op een plateau in het dorp de schilderachtige kerk – rijdt de trein een aantal malen door de berg. De trein maakt in de berg steeds een bocht, waarmee hij hoogte wint, tot hij weer het daglicht bereikt en zich een compleet nieuw zicht op de kerk ontvouwt.

Er zijn momenten in het leven waarop je ineens in een diep gat terechtkomt. Je was er niet naar op zoek en had het al helemaal niet verwacht. Het lijkt zo zinloos. Je hebt er zelf ook geen schuld aan en komt er alleen op eigen kracht niet meer uit. Een kortere weg lijkt ook niet in zicht. Het gekke is dat God je in deze donkere periode verandert en dat je er op een hoger niveau weer uitkomt. Je persoonlijkheid rijpt, je relatie met God verdiept zich, je motivatie om bepaalde dingen te doen is veel zuiverder. En je hebt geen idee hoe het allemaal in zijn werk ging. In wezen hoorde je het knarsen en piepen, werd je heen en weer geschud en hield je vol. Jouw bijdrage was dat je niet aan de noodrem trok en er niet vandoor ging.'

Wanneer we zeggen dat God ons verandert, zijn het dit soort momenten waardoor we ons ellendig voelen en het idee hebben dat we zelf niets kunnen doen. In onze eigen krachteloosheid en vertwijfeling geschiedt het wonder van de transformatie, die weliswaar in ons plaatsvindt; zij vindt haar oorsprong echter uitsluitend bij God.

(2)
God vinden in het alledaagse

Het dagelijkse leven als moeder met kleine kinderen, die het grootste deel van haar tijd doorbracht in het huishouden, bracht mij in een isolement. Daarnaast kwam het accent te liggen op bepaalde werkzaamheden. Sommige mensen vinden hun motivatie alleen al in het feit dat er werk voor hen ligt. Ze weten hoe ze moeten aanpakken en doen meteen het werk dat moet worden gedaan. Niet dat ik per se lui zou zijn, maar voor mij moet het werk een hogere zin hebben. Anders daalt mijn energieniveau bliksemsnel. Om zin te ontdekken in het gewone dagelijkse leven van een moeder van een gezin – die duizend en één kleine dingen te doen heeft – kost mij vaak moeite. Elke week hetzelfde werk, dat razendsnel verandert in nieuw stof, nieuwe bergen wasgoed en een vieze badkamer. En dan heb ik het nog niet eens over de troep!

God stuurde de grote profeet Elia naar het huishouden van een weduwe (1 Koningen 17). Drie jaar lang oefent hij daar dagelijks hetzelfde: vertrouwen hebben dat God zal zorgen voor een nieuw wonder, waardoor hij kan overleven. Inderdaad zorgt God er midden in de hongersnood voor dat het meel en de olie elke dag worden aangevuld. Niet een diepgaande studie van de Schrift en geestelijke oefening in de tempel bereiden hem voor op zijn misschien wel meest opzienbarende dienst. Voordat hij de Baälpriester op de berg Karmel uitdaagt, brengt hij drie jaar in eenzaamheid door in een zogenaamd onbeduidend huishouden. Daar brengt God zijn geloof en vertrouwen tot ontwikkeling, en zijn bereidheid zich volledig afhankelijk te maken van hem.

Het fysieke overleven van de profeet staat op de eerste plaats. God gebruikt daarvoor het huishouden van een arme weduwe. Dat is de omgeving waarin een dor leven goed gedijt. God heeft mij nodig om het leven, dat hij geschonken heeft, te behouden. Als je er zo naar kijkt, krijgt altijd maar weer moeten koken een diepere zin. Wanneer ik het menu voor die week vaststel en bedenk hoe ik mijn gezin gevarieerde en gezonde kost kan geven, staat bij mij niet het plezier in het koken op de eerste plaats. Wat mij motiveert, is het feit dat ik op die manier een bijdrage lever aan hun gezondheid, de investering op de lange termijn dus. Daarmee druk ik ook mijn stempel op een stuk cultuur. Sinds de media bol staan van de artikelen over te zware kinderen en andere gevolgen van onze moderne fastfoodmaatschappij, vind ik gezonde voeding nog belangrijker. De kinderen moeten weten hoe hun eten vanaf de allereerste handeling wordt bereid. En hun smaak moet zich ten volle kunnen ontwikkelen. Mijn man, die heel goed kan koken, gaf mij bovendien zijn geheime recept. Het veelgeprezen 'met liefde bereid' maakt het verschil. Dat klinkt banaal, maar het verschil is frappant!

Ook bij het schoonmaken en opruimen heb ik deze hogere zin nodig om niet het bijltje erbij neer te gooien. Mijn gezin functioneert het best wanneer het huis niet vol ligt met troep en er niet in elke hoek dingen liggen die nog moeten worden gedaan, dat leidt alleen maar tot stress. De 'simplify'-gedachte[3] was daarbij van grote hulp. De orde in huis heeft direct invloed op de sfeer binnen het gezin. Ik wil graag dat we elkaar 'opgeruimd' tegemoet kunnen treden, dat er ruimte is om op elkaar te reageren. De kinderen moeten thuis een plek hebben, in emotioneel opzicht op adem kunnen komen, geborgenheid ervaren en duidelijkheid krijgen. Ik ben daarom geen 'poetsfreak' en mijn man en kinderen moeten

3 Werner Tiki Küstenmacher/Lothar Seiwert, *Simplify your life – Einfacher und glücklicher leben*, Frankfurt/New York, 2001/2002. Noot van de vertaler: Werner Tiki Küstenmacher/Lothar Seiwert, *Simplify your life – gemakkelijker em gelukkig leven zonder ballast*, Uitgeverij Thema, 2003 (alleen via Google Books in te zien).

mee aanpakken. Maar ik heb ervaren dat het belangrijk is om je omgeving netjes te houden. Orde in huis is voor mij geen doel op zich, het is elementair voor een goede sfeer binnen het gezin.

Naast de materiële basis voor het bestaan die Elia vindt in het huishouden van de weduwe, bereidt hij zich daar ook voor op een belangrijke taak. Hij oefent in het klein hetgeen hij later ten overstaan van het grote publiek met gevaar voor eigen leven moet waarmaken.

Waarschijnlijk ziet het trainingsschema er in elk huishouden anders uit. Hier een voorbeeld uit ons gezin:

Ik sta bij het fornuis, wijd me aan mijn taak om mijn gezin van voedsel te voorzien, de telefoon gaat. Plichtbewust als ik ben, neem ik op, maar ik klem de hoorn al snel tussen mijn hoofd en mijn schouder, omdat je voor het koken nu eenmaal twee handen nodig hebt. Uitgerekend op dat moment moet zoonlief naar het toilet. Ik ben zo trots dat hij dat al zelf kan en wil niet het risico lopen van een ongelukje. Ik help hem bereidwillig en meteen obstakels als zijn winterjas en de knoopjes van zijn broek te overwinnen. Intussen leg ik – met mijn hoofd in een rare bocht – uit dat ik echt geen behoefte heb aan een alarminstallatie, die een vriendelijke verkoper mij met overtuigende argumenten blijft proberen te verkopen. De deurbel verlost mij van de kramp in mijn nek en verschaft mij een prachtig excuus om het ongewenste telefoongesprek te kunnen beëindigen. Terwijl ik de postbode aan de deur een handtekening geef, ruik ik iets verdachts, waardoor in mijn hoofd alle alarmbellen gaan rinkelen. Ik ren meteen naar de keuken, waar het middageten staat over te koken, en trek het van het fornuis. Terwijl mijn dochter rondkruipt en gezellig haar creativiteit uitleeft op de aarde die ze met haar handjes uit de pot op de vloer van de kamer heeft geschept, verschijnt papa ten tonele. Hij heeft nu, en wel meteen, een contract nodig dat twee dagen geleden door de post is bezorgd. Toen de postbode het contract afleverde, ging echter net de telefoon, moest onze zoon naar het toilet en kookte het eten over. Ik word gek, kan met geen mogelijkheid bedenken waar het genoemde stuk papier zou kunnen liggen. Misschien is het contract al verteerd en in een luier in de vuilniston beland. Machteloosheid. Einde scène.

In een huishouden met kleine kinderen verdwijnt onvermijdelijk wel eens iets. Sleutels verdwijnen in schoenen, de portemonnee komt terecht in de koelkast, sandalen worden 'tot nooit meer ziens' begraven in de zandbak. Ook een contract kan zomaar ineens foetsie zijn. Zou God dat interesseren? Is hij betrokken bij de dieptepunten in ons leven van alledag? Kan hij helpen? Hij kent toch elk hoekje? Toen ik na zo'n gebed om hulp mijn eerste ingeving volgde, nog een keer in een tas keek en daar inderdaad de vermiste brief vond, werd ik niet goed. God spreekt heel concreet tot mij en ik kan luisteren naar wat hij zegt. Ik kan het meteen controleren. Nu probeer ik ook in andere situaties Gods stem zo concreet te horen en vraag ik hem wat ik moet doen of zeggen wanneer ik iemand tegenkom. Vervolgens doe ik onbevreesd wat hij mij heeft gezegd. Een van de grondbeginselen in het leven van een volgeling is Gods stem verstaan. Door de kleine, ongevaarlijke dingen leert God mij hoe zijn stem klinkt, zodat ik ook op hem kan vertrouwen en naar zijn stem kan luisteren wanneer het er echt op aankomt.

Mijn nauwe relatie met de hemelse Vader moet niet worden verward met het delegeren van verantwoordelijkheden die hij mij heeft toebedacht. Onze dochter had op de kleuterschool grote problemen met de andere kinderen in de klas. Ik was in die periode druk met een project buitenshuis. Toen dat klaar was, besprak ik op een avond de situatie met haar. Mijn voorstel om God om hulp te vragen, wees ze van de hand. Dat had ze allang gedaan, maar hij deed toch niets. Ik was verdrietig omdat ze dat zei. In een gesprek met de kleuterleidster spraken we een aantal dingen af die meteen effect sorteerden. Onze dochter was opgelucht. Ik begreep dat ik de verhoring was van haar gebed. God had mij dat deel toebedacht, het lag binnen mijn verantwoordelijkheid als moeder.

De fundamenten van het geloof zijn een ander gebied waarop we onze kinderen nog veel kunnen leren: waarom heeft Jezus muggen gemaakt? Wat gebeurt er als we dood gaan en in de hemel komen? Jezus kan niet in mij wonen, daar is hij toch veel te groot voor! Waar was ik toen ik nog in mamma's buik zat? Kinderen durven de mythe ter discussie te stellen. Het rationeel onverklaarbare, waar de werkelijke vragen van het leven echter over gaan – waar komen we vandaan, waarom zijn we geschapen en waar gaan we naartoe – wordt in bepaalde fasen een dagelijks gespreksonderwerp. In het nadenken over deze vragen en mijn verwoede pogingen om verstandige antwoorden te geven waar mijn kinderen iets mee kunnen, wordt mijn eigen geloof bevestigd. Geloof ik echt wat ik vertel? Wat staat er feitelijk over deze onderwerpen in de Bijbel? Ik ervaar hun vragen als een uitstekende oefening. Ze dwingen mij de kern van mijn eigen geloof onder woorden te brengen, in eenvoudige bewoordingen, zodat de ander begrijpt wat ik bedoel. En ik controleer steeds bij elke vraag of die waarheid al in mijn hart is geland.

Toen ik naar Libanon moest, om daar voor een opleiding pastoraat in een christelijke kerk les te geven, wekte dit de belangstelling van onze kinderen voor de ingewikkelde gebeurtenissen in het Midden-Oosten. Niet dat daar eenvoudige antwoorden voor zijn of wij volwassenen de situatie echt begrijpen. Maar het is toch verbazingwekkend hoe kinderen de situatie beoordelen, welke vragen en oplossingen ze bedenken en dat de waarden die ze hanteren zo heel anders zijn. En ook hoe ze verwerken wat ze hebben gehoord. Mijn kinderen spelen ook wel eens de Hezbollah na met hun Playmobil. De ontstellende problemen van deze tijd gaan niet ongemerkt aan onze kinderen voorbij. Ze willen horen wat ze met de angsten die dat oproept aan moeten. Mijn ervaring is, dat ze mijn antwoorden accepteren wanneer die oprecht zijn. Natuurlijk zou ik hen gerust kunnen stellen met antwoorden als: 'Ons land is veilig!' Maar dat is niet genoeg. Ze hebben behoefte aan de zekerheid dat een liefhebbende Vader in de hemel naar ons kijkt en ons leven in zijn hand ligt. Wat er ook gebeurt, hij verliest de controle niet. Onze gesprekken over de dood en het eeuwige leven – op een dusdanige manier dat de kinderen begrijpen waar het over gaat – hebben zin. Ook op die manier onderzoek ik steeds weer mijn eigen hart. Heb ik wel het juiste vertrouwen in God? Kinderen willen geen banale wijsheden horen, maar zo bemoedigd worden dat ze er iets mee kunnen. Of ik geloofwaardig en transparant ben, verifiëren ze door na te gaan of mijn handelen in overeenstemming is met mijn spreken.

Kinderen leren ons te bidden en innerlijke strijd te leveren. Deze prille, teder geliefde schepsels staan bloot aan heel wat invloeden en gevaren en elke moeder is zich er al heel snel van bewust dat ze haar kind niet tegen alles kan beschermen. Wanneer ze dat zou proberen, zou ze haar kind juist ook door het te veel te beschermen, schade kunnen berokkenen. De onzichtbare wereld is wat dat betreft veel reëler, want plotseling zijn daar de engelen, om wier begeleiding ik dagelijks bid wanneer ik mijn kind naar school stuur, om het te beschermen.

Onze kinderen hebben vaak een zeer heldere kijk op hoe zaken onzichtbaar verlopen, terwijl ik nog lang oppervlakkig blijf psychologiseren. Heeft onze zoon ruzie met zijn beste vriend, dan is het voor hem duidelijk de schuld van de duivel dat ze elkaar zoveel pijn doen. Kortgeleden werd onze dochter wakker uit een nare droom. De volgende dag kon ze precies aanwijzen waar de man stond, voor wie ze zo bang was geweest. We stuurden hem weg in naam van Jezus, waarop ze zei dat hij nu in een andere kamer zat. Na nog een keer bidden zei ze helemaal opgelucht: 'Nu is het goed.'

Deze gebeurtenis was voor mij aanleiding om na te denken over de vraag wat er de dagen daarvoor in ons huis had gespeeld. Hadden we ruzie gehad? Welke mensen waren bij ons op bezoek geweest? Soms moeten we ook onze geestelijke ruimte bevechten.

Op sommige dagen inspireert deze visie mij en krijg ik zo de nodige schwung om te leven. Maar er zijn ook dagen dat ik alles heel saai en moeilijk vind.

Vlucht uit de alledaagse kleinigheden

De verleiding om in de moeizame, vermoeiende of saaie perioden in het leven een kortere weg te nemen of te vluchten door me geweldig in te spannen, is groot. In het begin was ik boos op alle mannen. Het was voor mij zo klaar als een klontje, dat ik de eerste maanden volledig beschikbaar moest zijn voor ons kind. Omdat ik de enige was die het de borst kon geven, bestond daarover geen twijfel. Dat maakte het er echter niet eenvoudiger op te accepteren dat mijn nieuwe leven wel heel eenzijdig was. Eigenlijk was ik woedend op God, die mij dat alles op de hals had geschoven, maar het was eenvoudiger om deze gevoelens op mannen te projecteren. Een groot deel van mijn identiteit was mij ontnomen. De rol die ik had in mijn werk, mijn aanzien, mijn relatienetwerken en het werk dat ik tot dan toe als zeer bevredigend had ervaren: het viel allemaal weg. Wanneer deze uiterlijke kenmerken verdwijnen, duikt veel nadrukkelijker dan voordien de vraag op: 'Wie ben ik eigenlijk?'. Verwarring, afwijzing, onzekerheid, depressie, wantrouwen, angst of het gevoel nergens bij te horen, doen zich gevoelen. Als ik eerlijk tegen mezelf was, merkte ik dat mijn misnoegen jegens mannen, die zich schijnbaar probleemloos konden terugtrekken uit de zaak, zijn doel voorbijschoot.

De heftige gemoedsbewegingen – die ik nog nooit eerder had gehad – leidden tot een geheel nieuwe controverse met God. Ik ging een innerlijke strijd aan met hem, hij had dat hele verhaal van het man- en vrouw-zijn bedacht. Ik moest op een dieper niveau klaar zien te komen met de vraag wat het betekende om vrouw te zijn. Onverwachts heftig werd ik geconfronteerd met het lijden van ontelbare vrouwen. En ik werd en ben steeds opnieuw verleid om een van mijn zelfbedachte kansen op redding te grijpen. Maar ook in dit soort kwesties is er uiteindelijk maar een allesomvattende oplossing die werkt, en die heet Jezus. Hij nam aan het kruis de consequenties van de zondeval op zich. Inclusief de onheilzame machts-, onderdrukkings- en afhankelijkheidsspelletjes tussen man en vrouw. Wij kunnen als vrouw onze waardigheid hervinden in Jezus en met de innerlijke sterkte en wetenschap dat we net zo goed het evenbeeld zijn van God weer opstaan, zonder wild om ons heen te moeten staan.

De boosheid kan zich natuurlijk ook uitstrekken naar heel andere gebieden: politici die zich te weinig bezighouden met de belangen van het gezin; maatschappelijke systemen die moeders uitsluiten of de economie, die moeders slechte kaarten toebedeeld. Ja, dergelijke onrechtvaardigheden bestaan. Ook zijn moeders zeer gevoelig voor destructieve factoren. God wil dat wij instaan voor gerechtigheid. Er is echter een fijn verschil of het engagement voortkomt uit een verzoend hart of dat het een kwestie is van een strijd om het gelijk en vervolgens toeslaan. Meestal is het laatste een vlucht voor het eigen hart, dat onverzoend blijft. Het is immers veel eenvoudiger de oorzaken van de eigen nood en ontevredenheid buiten onszelf te zoeken, dan in de ondoorgrondelijke diepte van onze eigen ziel te kijken. God staat juist perioden van eenzaamheid toe opdat we ons eigen innerlijk leven en het verloop daarvan doorzien en ervaren hoe we onszelf kunnen vernieuwen. Ik wil graag dat vrouwen strijdbaar zijn, opkomen voor gerechtigheid en ja zeggen tegen het leven, omdat ze begrepen hebben dat God ja zegt tegen hun leven, en Gods rechtvaardigheid en trouw vinden door afhankelijk te zijn van hem.

Wat er precies gebeurt met iemand die een periode van diepe eenzaamheid meemaakt, is afhankelijk van iemands levensverhaal en de fase waarin hij of zij verkeert. God brengt ons er op diverse manieren toe hem diepgaander te leren vertrouwen, ons nog meer over te geven aan hem en ons hart meer vervuld te laten worden door hem. Daarbij komen talrijke kwesties naar boven. Maar het lijkt een principe te zijn van God, dat hij ons uit de circulatie neemt wanneer hij ons wil laten groeien. En dat kan in een leven diverse keren gebeuren. Ik herinner me een moment in de periode dat ik 'door de tunnel ging', dat God mij onmiskenbaar uitdaagde om hem opnieuw mijn vertrouwen te schenken. Dat was niet gemakkelijk, omdat ik wist dat ik hem daardoor toestond mij ook in de toekomst mee te nemen in pijnlijke processen, wanneer hij dat nodig achtte. Mijn zwaarbevochten hernieuwde ja tegen hem bezorgde mij vervolgens een heel blij en opgelucht gevoel. Er waren nog geen concrete veranderingen maar ik zag wel licht aan het einde van de tunnel.

Onderhoud van de relatie met God

Misschien vraag je je af, hoe je in je nieuwe omstandigheid als moeder van een gezin überhaupt een relatie met God kunt onderhouden, laat staan dat je op hartsniveau gesprekken met hem kunt voeren of verandering kunt ervaren.

Mij was duidelijk dat de meeste mensen die in de Bijbel worden genoemd, niet konden lezen. Juist in de Evangeliën komen we mensen tegen die weinig ontwikkeld zijn, met name vrouwen. Naar zulke mensen trok Jezus toe, zij moesten het Goede Nieuws horen en ervaren. Navolging en de relatie met God kan geen ingewikkelde zaak zijn en moet ook in een ongepolijst milieu mogelijk zijn. Tot dusverre werd mijn geloofsleven voornamelijk bepaald door het lezen uit de Bijbel. Ik leerde als jonge christin dat mijn geestelijk overleven er vanaf hangt. Het kwam ook tegemoet aan mijn natuurlijke neiging tot en liefde voor het lezen. Ik was benieuwd hoe God mij in geestelijk opzicht in leven wilde houden wanneer 'stille tijd' niet meer met enige regelmaat inplanbaar was en alle andere godvruchtige werken sterk moesten worden teruggeschroefd.

Voor een moeder van een stel kleine kinderen is flexibiliteit het belangrijkst. Welk plan dan ook, het kan zo maar niet meer uitvoerbaar zijn. Flexibiliteit is ook een wezenskenmerk van God. Hij is altijd dezelfde, maar heeft in zijn rijkdom – die ik nooit helemaal kan bevatten – altijd nog nieuwe manieren om mij te ontmoeten, dingen te leren en te schenken. Wat gisteren nog zo praktisch leek, is vandaag onbruikbaar. Dat is voor God geen probleem; hij vindt het juist leuk om ons te verrassen. Hij gebruikt daarvoor soms kinderen, die niet onverstoorbaar wachten op een herhaling van de ontmoeting van gisteren, maar voorbereid zijn op iets nieuws.

Zoals ons lichaam behoefte heeft aan uitgebalanceerde voeding, is ook ons geestelijk leven afhankelijk van een regelmatige toevoer van de cruciale vitamines, sporenelementen, mineralen en bouwstoffen. Ons psychische menu moet derhalve veelzijdig en afwisselend zijn. Uit de Bijbel lezen alleen is niet voldoende. Maar als dit voedsel voorhanden is, verslind ik het. Ik las laatst over een Chinese christen, die decennialang opgesloten zat vanwege zijn geloof. Hij mocht geen Bijbel hebben. Ging hij daar geestelijk aan onderdoor? Nu hij weer een vrij man is, zegt hij dat iedere gelovige op de een of andere manier vast zou moeten zitten, zodat hij voelt hoe zijn relatie met Jezus is. Voordien had hij geen idee wie Jezus werkelijk is. Hij ontwikkelde door de jaren heen in al zijn eenzaamheid een diepe vriendschap met hem.

God heeft onvermoede manieren om ons in geestelijk opzicht wakker te houden. Zit je momenteel in een fase waarin je niet in de gelegenheid bent om uit de Bijbel te lezen, ga dan op een andere manier op zoek naar God.

Een kennis vertelde mij dat ze zich, voordat ze uit de Bijbel ging lezen, jarenlang allerlei moeite getroostte om dat te doen, het gevoel had dat ze tekortschoot, gefrustreerd was en last had van een slecht geweten. Ze had er als moeder van een stel kleine kinderen geen tijd voor en raakte, terwijl ze bij de zandbak zat en naar haar kinderen keek, ineens innerlijk in gesprek met God. In deze omgeving kon ze hem ongedwongen ontmoeten en haar relatie met hem verdiepte zich, waarna ze zich bevrijd voelde van het religieuze juk dat ons precies wil voorschrijven hoe ons contact met God moet zijn.

Uit de Bijbel lezen

Mijn persoonlijke omgang met de Bijbel was, zoals gezegd, los en natuurlijk.

De eerste tien jaar waarin ik geloofde, las ik bijna dagelijks uit de Bijbel. De ene keer bracht me dat meer dan de andere, maar ik was ervan overtuigd dat het goed was. Ik legde op die manier in de loop der tijd een brede basis voor mijn geloofsovertuigingen. Aan het einde van mijn studietijd werd mijn leven steeds ongeregelder en dat is het nog. Maar uit de Bijbel lezen had altijd nog prioriteit. Met één kind werd het echter al een uitdaging en met twee kinderen bijna onmogelijk. In het begin las ik 's nachts wanneer ik onze dochter de borst gaf, en dat vond ik geweldig. Maar daarna raakte ik bijna een jaar lang de Bijbel niet aan. Ik had daar geen slecht geweten over. Ik voelde mij echter nog steeds verbonden met God en dat was genoeg voor mij. Mettertijd kreeg ik echter het gevoel dat ik steeds minder wist over de Bijbel. Ik ontmoette mensen die op fascinerende wijze voorleefden hoe ze geworteld waren in Gods Woord. Dat wekte in mij het verlangen zelf weer de Bijbel te gaan bestuderen. Dus vermande ik mij en stond 's ochtends weer eerder op om tijd door te brengen met God. Het resultaat was niet om over naar huis te schrijven. Ik ben geen ochtendmens en las dus niet goed wat er stond. Daar kwam bij, dat mijn kinderen al snel in de gaten kregen dat er bij het ochtendgloren iets gaande was. Mijn zoon kwam slaapdronken in zijn pyjama de trap naar mijn zolderkamer opgeslopen. Dat hij zijn moeder in alle rust in een knus hoekje helemaal voor zich alleen had, kon hij gewoon niet weerstaan. Onze dochter, die in haar slaap eveneens al haar zintuigen op scherp leek te hebben staan, meldde zich kort daarna. Omdat ze zelf niet uit haar spijlenbed kon komen, begon ze te roepen. Van even een moment stilte voor mezelf was al snel geen sprake meer, het duurde niet lang of we waren alle vier luidruchtig op de been.

Na drie weken legde ik me erbij neer en gaf ik mijn stiltemoment weer op. Mijn verlangen naar het lezen uit de Bijbel en de wetenschap dat ik dat eigenlijk nodig had, bleven echter. Na ongeveer een half jaar betaalde ik de rekening voor het feit dat ik geen gehoor gaf aan deze innerlijke drang. Ik kreeg een geloofscrisis zoals nooit eerder. Niet Jezus zelf en het feit dat hij mij kon redden stelde ik ter discussie, maar wel zo ongeveer al het andere. Mij was al snel duidelijk dat mijn verwarring alleen zou verdwijnen als ik weer uit de Bijbel ging lezen. Met de ervaring dat dit niet zo eenvoudig was als het leek nog in het achterhoofd, zocht ik hulp. Het was belangrijk voor mij om aan iemand toe te geven dat ik op dat punt onvoldoende discipline heb. Ik verzocht die persoon mij hierover van tijd tot tijd ter verantwoording te roepen. Dat hielp. De kwestie van het tijdstip was nog altijd een lastige.

Maar ik vond een oplossing die bleek te werken. Na het middageten houden we als gezin een uur middagrust, waarin iedereen op zijn kamer iets voor zichzelf doet. Tot dan toe deed ik in dat uur meestal een dutje. Ik nam me voor in die tijd mijn ontmoeting met God te plannen. Helaas besloot onze dochter, hoewel ze nog geen twee was, dat ze vanaf toen geen middagslaapje meer nodig had. Hoe leg je een zo jong kind uit, dat het zich een uur lang in haar eentje in haar eigen kamer moet bezighouden? Bij onze zoon verliep dat allemaal veel soepeler. Toen hij drie was en geen middagslaapje meer nodig had, was hij inmiddels zo groot dat hij de nieuwe regel begreep en hem kon toepassen. Hij leerde te genieten van de middagrust. Soms was het helemaal stil en was hij verdiept in zijn platenboeken of lief aan het tekenen. Andere dagen stonden de muren echter te schudden, omdat hij verwikkeld was in een onstuimig piratengevecht. Door mijn vastberadenheid slaagde ik erin ook mijn dochter zover te krijgen dat ze op haar kamer bleef. In het begin moest haar kamerdeur wel dicht zijn, anders liep ze er steeds uit. De eerste dagen was haar antwoord hierop een luid gebrul. Maar ze wende er snel aan en meestal ging ze na het tandenpoetsen uit zichzelf naar haar kamer, wenste mij een fijne middagrust en deed de deur achter zich dicht. Toegegeven, er waren ook dagen dat ik haar moest helpen om naar haar kamer te gaan. En dat ze het helemaal niet leuk vond dat de deur dichtging. Vervolgens hoorde ik dan na vijf minuten geluiden uit haar kamer, waaruit bleek dat ze druk in de weer was met haar Duplo, zat te zingen of haar poppen probeerde op te voeden. Ik moest regelmatig na de middagpauze haar kleren terugleggen in de commode of de troep opruimen die ze had gemaakt, omdat het net leek alsof er een aardbeving was geweest. Maar dat was het uurtje vrijaf me wel waard. Ik heb het idee dat we allemaal profiteren van dit uurtje rust. De kinderen zijn meer in balans en beginnen met hernieuwde energie aan de tweede helft van de dag. En ik heb een heel uur de tijd om samen te zijn met God. Met een gezellige kop koffie erbij was ik nu wel in staat op te nemen wat ik las, waardoor het lezen uit de Bijbel mij weer nieuwe levenskracht schonk.

Nu mijn kinderen allebei op school zitten, ben ik wat het tijdstip betreft weer veel vrijer. Ik heb geen vooropgezet plan voor dit uurtje en praat met God gewoon over de dingen die mij op dat moment bezighouden. Soms schrijf ik mijn gedachten neer in een dagboek. Ik probeer te horen wat God mij wil zeggen. Op bepaalde momenten lees ik een Bijbelboek door, verdiep ik me in een bepaald thema of bestudeer ik gewoon de voor die dag aangeboden tekst. Dat zijn zeer persoonlijke en intieme momenten. Vroeger had deze manager tijdens de 'middagaudiëntie' soms ook nog even tijd om een dutje te doen. Mijn hemelse Vader vond dat geen probleem.

Mijn regelmatige contact met God en de tijd die ik vrijhield voor hem, kregen op den duur een centrale betekenis. De manier waarop iemand sterft, is belangrijk om vast te stellen of hij/zij zijn/ haar roeping heeft kunnen volgen. Heeft hij/zij zijn bestemming bereikt of moest hij/zij vroegtijdig afscheid nemen, omdat er kennelijk zonden of grote problemen in de weg stonden? Heeft hij/zij alles bereikt wat God voor hem/haar in petto had of leidden berusting en valse bescheidenheid tot vroegtijdige stagnatie? In de biografie van Bijbelse en historische geestelijke leiders (mannen en vrouwen) die een goed einde vonden, valt doorgaans te lezen dat ze beschikten over één bepaalde eigenschap: ze hadden tijdens hun leven een intieme, persoonlijke en vriendschappelijke relatie met God. Ze bezweken niet voor de verzoeking om hun geestelijk leven niet meer in dienst te stellen van God, maar zochten hem altijd vrij van waardeoordelen, puur uit liefde en omwille van de relatie. Er zijn in elke levenssituatie altijd diverse redenen waarom het niet mogelijk is om tijd door te brengen met God. Maar wanneer ik er met een paar kleine kinderen in huis iets op heb gevonden om regelmatig bij de Koning op privéaudientie te gaan, zal dat niet zo snel weer op losse schroeven komen te staan. Toegegeven, het is en blijft een strijd, maar wel een die de moeite loont.

Bidden

Het gesprek met God is een belangrijk bestanddeel van deze gereserveerde tijd. Bidden is, wanneer we het over geestelijke overlevingsstrategieën hebben, elementair. Mijn gebedsleven is veranderd, ik bid nu voor meer zaken. Bepaalde momenten waarop er wordt gebeden, hebben hun vaste plek; voor het eten bidden we behalve om te danken vaak ook even voor dingen die staan te gebeuren. Het naar bed gaan is ook een moment van rust waarop we met de kinderen voor God komen. Wanneer de kinderen naar school te gaan, krijgen ze Gods zegen mee voor onderweg. Deze momenten zijn mij heel dierbaar. Ik ben me er steeds opnieuw van bewust, wat een voorrecht het is om in deze dwaze wereld een kind van God te zijn. De Schepper en Heer der heerscharen ziet om naar de dagelijkse wissewasjes in ons leven.

Naast deze vaste momenten gaan er tussen mijn hemelse Vader en mij dagelijks ook vele korte boodschappen heen en weer, bijvoorbeeld wanneer ik aan het wandelen ben, aan de strijk, de aardappels schil of de vloer dweil. Soms heb ik iets op mijn hart en dan tekent zich na dagen een oplossing af, worden dingen die niet duidelijk zijn ineens duidelijk, veranderen de omstandigheden of verander ik zelf. Een enkele keer duurt het een paar weken of een paar maanden. We moeten blijven bidden. Paulus bedoelde daar waarschijnlijk mee dat we de hele dag onze relatie met God intact moeten houden, en zeker 's nachts.

Ik kwam in een bepaalde periode wekelijks met een paar andere gelovige vrouwen voor een gebedsbijeenkomst van een half uurtje bij elkaar. We baden als buurvrouwen voor onze nietgelovige buren. Onze kinderen waren daarbij, waardoor werd voorkomen dat we zouden verstikken in al te veel seriositeit. Het ging er soms wel heel stormachtig aan toe. Maar we leerden ons daar niet door van de wijs te laten brengen en door te bidden. Dit gebedshalfuurtje had dubbel nut. Aan de ene kant vroegen we in de voorbede een zegen voor onze buren. Aan de andere kant spoorden we elkaar aan om ons leven een diepere zin te geven. Deze manier van bidden in een groep, die concreet invloed had op mijn eigen gedrag, ervoer ik als zeer uitdagend en motiverend.

Danken

Een van de vormen van bidden is danken. Dankbaarheid is een manier van leven, waarmee God wordt geëerd. Dank uit zich ook in de manier waarop ik contact zoek met God. Dankbaarheid is een kanaal waardoor God mij verandert en geestelijk bij de les houdt. In zijn brief aan de Efeziërs roept Paulus de gemeente op vervuld te raken van de Geest: 'Laat de Geest u vervullen en zing met elkaar psalmen, hymnen en liederen die de Geest u ingeeft. Zing en jubel met heel uw hart voor de Heer en dank God, die uw Vader is, altijd voor alles in de naam van onze Heer Jezus Christus!' (Efeziërs 5, 19-20)

Ik hoef God niet pas te danken wanneer ik mij vol voel van de Geest en daarvan overloop, maar doordat ik mijn dank uitspreek, wint de Heilige Geest ruimte in mij.

Toen ik nog redelijk diep 'in de tunnel' zat, kregen wij als echtpaar het pastorale advies een lijst op te stellen met alle dingen die ons leven zo moeilijk maakten. De lijst bevatte ongeveer acht punten. We gingen God samen dagelijks danken voor al deze moeilijkheden. In het begin vond ik dat heel moeilijk. Waarom zou ik danken voor iets – bijvoorbeeld onze woonsituatie – hoewel ik me daar alleen maar belemmerd door voelde en ingeperkt? Mettertijd veranderde mijn opstelling. Wanneer ik iemand bedank, ga ik er vanuit dat hij mij iets goeds geeft. Blijkbaar zag ik het goede gewoon niet, maar het moest er zijn. Ik begon steeds meer de goede kanten van de moeizame dingen in ons leven te zien. Ik verlangde nog steeds naar een verandering, bijvoorbeeld meer woonruimte in een gezinsvriendelijker omgeving. Ik wist, dat het voor God kinderspel zou zijn om de externe omstandigheden te veranderen. Voor het veel grotere wonder was het nodig dat mijn hart veranderde, ik moest tevreden zijn in plaats van allerlei ingewikkelde randvoorwaarden te stellen. Doordat ik God consequent bleef danken en niet meer twijfelde aan zijn goedheid, gingen de deuren open en kon de Heilige Geest daadwerkelijk vrede en berusting zaaien in mijn hart. Het ene na het andere moeilijke punt van de lijst werd opgelost. Een aantal bleef moeilijk te verdragen, bij andere punten – bijvoorbeeld onze woonsituatie – heeft God inmiddels ingegrepen: we kregen een nieuw huis. Maar voor mij is het innerlijke wonder nu veel belangrijker dan wat uiterlijk zichtbaar is. Want wie garandeert mij dat de randvoorwaarden niet opnieuw veranderen? We moeten tegenwoordig op nogal wat zaken voorbereid zijn, het verhaal van de wereld voltrekt zich steeds sneller. We hebben een vaste bodem onder onze voeten nodig die blijft, ook wanneer al het andere vergaat. Ik wil mijn hart schenken aan God en al het andere in dankbaarheid aanvaarden uit zijn hand.

Het danken heeft ook invloed op mijn psychische welzijn, geeft mij houvast en zorgt ervoor dat ik op de juiste plek verankerd zit. Maar het staat ook in direct verband met mijn Godsbesef en mijn mogelijkheden om Gods waarheid dieper te doorzien. In Romeinen 1, 20 schrijft Paulus, dat Gods eeuwige kracht en zijn onzichtbare eigenschappen duidelijk waarneembaar zijn voor het verstand, namelijk in zijn 'werken'. Dat alleen is al genoeg om hem als God te prijzen en te danken. Verder staat er in de tekst dat wie zich tegen hem verzet, vervalt in de zinloosheid van zijn eigen overpeinzingen, waardoor zijn hart verduisterd raakt. Paulus gebruikt hier harde woorden. Eigenlijk houd ik daar niet van. Er komt iets van de ernst van onze houding in tot uitdrukking. Wanneer ik niet meer zie dat de Schepper mijn dank verdient, onafhankelijk van de omstandigheden waarin ik verkeer, dan draait mijn leven zich als een spiraal van hem weg. Ook wanneer het in het eerste hoofdstuk van de brief aan de Romeinen gaat over de goddeloosheid van de volken, voel ik mij uitgedaagd. Er staat, dat wij geen excuus hebben wanneer wij God wel kennen maar hem niet lofprijzen en danken. Daar word ik mee bedoeld. Vanuit deze houding van dankbaarheid wordt mijn benevelde geest bevrijd en mijn blik op God helderder.

Lofprijzen

In de hierboven genoemde verzen uit Efeziërs 5 wordt nog een andere discipline genoemd die de Heilige Geest ruimte verschaft:

het zingen van loofliederen. Het effect van de lofprijzing van God lijkt veel op dat van de dankbaarheid. Mijn aandacht verschuift: weg van mijzelf, mijn beperkingen, mijn visie en ook mijn gevangen zitten in, naar de almachtige Koning en Vriend. En in de aanblik en verering van God ordenen de dingen zich opnieuw, komen de prioriteiten anders te liggen. Ik krijg weer lucht om te leven, omdat ik niet meer centraal sta, op alles greep moet hebben en ook mijn vermeende belangrijkheid kan laten vallen.

Ik houd van muziek en zing graag. Praise-cd's helpen mij in het gewone leven mijn blik te richten op God. Dat lukt zelfs bij het schoonmaken, wie had dat gedacht? Ik heb perioden dat ik langere tijd achter elkaar dezelfde liederen zing en dan word ik ze niet beu. Ze helpen me uitdrukking te geven aan wat er in mij leeft. Wanneer mijn ziel daarnaar verlangt, zet ik bewust muziek op. Ben ik bijvoorbeeld bang om te stikken in alle onnozelheid en verveling, dan speel ik keihard steengoede muziek: iets met een stevig sambaritme of Afrikaanse muziek. Dan gaat mijn hart open en kijk ik verder dan de 'pronkkamer'.

Er zijn ook momenten dat mijn ziel heel teder en kwetsbaar is en zich wil openstellen voor de Heilige Geest. Met muziek gaat dat makkelijker.

Lofprijzing in de groep ervaar ik als een hulpmiddel in tijden waarin ik bijna niet door lijk te kunnen dringen tot God. Wanneer mijn broeders en zusters om mij heen vastbesloten zijn eer te geven aan God, vind ik het makkelijker ook daaraan mee te doen. Dat is eerst een rationele aangelegenheid. Ik weet dat het goed is en dat de Bijbel steeds opnieuw vertelt dat we God moeten aanbidden. Dus uiteindelijk zing ik mee. Dan wordt de brief aan de Efeziërs ineens zeer actueel. Tijdens de lofprijzing krijgt de Heilige Geest vrij spel; ik kijk weg van mijzelf en ontmoet God. Er ontstaat vrede in mijn onrust, soms krijg ik een concrete boodschap, soms ook gewoon nieuw geloof.

Dankbaarheid en lofprijzing zijn een manier van leven en niet een kwestie van tijd. Ze moeten in mijn vlees en bloed zitten, zodat de Heilige Geest vrij spel krijgt in mij. Wanneer hij in mij kan wonen, ben ik geestelijk in staat om te overleven, ook wanneer ik in bepaalde perioden op andere fronten tekortschiet. Dat blijft niet alleen beperkt tot de muziek. Het is een kwestie van houding, een zoektocht van het hart naar God. Ik ontdek steeds opnieuw hoe juist in moeilijke tijden mijn 'ja' tegen mijn verantwoordelijkheden als moeder een vorm van lofprijzing zijn. God heeft mij deze taak toegewezen, hem mij toevertrouwd, verlangt van mij dat ik die vervul. Het getuigt van respect voor hem en onderwerping aan zijn plannen, wanneer ik probeer mijn werk goed te doen en mijn beste beentje voor te zetten.

Een gemeenschap vormen

De gemeenschap der heiligen wordt in het Nieuwe Testament omschreven als een extra bouwsteen voor de geestelijke gezondheid. Ik ben een levende steen en met mij zijn er nog veel meer; samen vormen wij de tempel van God. Om mijn plaats te kunnen innemen, is het nodig dat ik contact heb met de stenen om mij heen.

Wij hadden als nieuwbakken ouders deel aan de stichting van een nieuwe gemeente. Het waren allemaal jonge mensen, bijna geen van hen had al kinderen. Onze diensten waren informeel; ik kon er met mijn kind bij zijn zolang het niet stoorde, anders moest ik een oplossing zien te vinden. Mijn drang om de aansluiting niet te missen, was heel groot. Ik nam een en ander op de koop toe. Op een avond moest ik onze zoon op een ijskoude keldertrap de borst geven, om de anderen in de verwarmde zaal niet te storen. Zonder er al te diep over te hebben nagedacht, hadden we een bepaald rolpatroon overgenomen. Onze omgeving trad ons ook volgens dat patroon tegemoet. Ik was de moeder. Punt. Mijn man was ook wel vader geworden, maar zijn taken in de leiding van de gemeente veranderden daardoor niet. Dat hielden we drie jaar vol. Toen was de gemeente redelijk stabiel en nam een fulltime voorganger de verantwoordelijkheid over. Voor ons was de tijd rijp om te zien naar een geestelijk thuis dat beter aansloot bij de behoeften van ons gezin. De overstap vond plaats tegelijk met een verhuizing en verliep daardoor harmonieus. We genoten van onze nieuwe omgeving, een gemeente met veel jonge gezinnen en een levendig jeugdwerk. Ik ben ervan overtuigd dat gezinnen niet zonder de gemeente kunnen en de gemeente omgekeerd de stabiliteit nodig heeft die jonge gezinnen bieden. We kregen heel veel praktische hulp, wisselden ideeën uit, vierden samen feestjes, vonden een open oor en hart voor onze problemen. Omgekeerd waren ook onze talenten welkom en kregen we de ruimte ons in te zetten. Deze keer bleven we niet hangen in de traditionele rolpatronen, maar tot op de dag van vandaag proberen we elkaar als paar de ruimte te geven.

Ik kan hele verhalen vertellen hoe anderen mij hebben bemoedigd en gezegend, bijvoorbeeld door voor mij te bidden wanneer ik dat zelf niet meer kon, of door een gescheurd hemd voor mij onder de naaimachine door te halen.

Niet alleen de dienst van anderen jegens mij heeft mij gesterkt. Het eigenaardige aan het rijk van God is, dat ik zelf ontvang wanneer ik geef. Ik ervaar in mijn dienen dat God mij nodig heeft, hoe zijn Geest door mij werkt. Dat gaat niet ongemerkt aan mij voorbij, maar heeft invloed op mij en schenkt mij geloof in mijn leven.

Deel uitmaken van de gemeenschap heeft ook zijn prijs. Bepaalde conflicten had ik liever niet gehad. Op sommige momenten wilde ik niemand meer zien en voelde ik me leeggezogen. De wisselwerking tussen je eigen directe relatie met God en de consequenties van jouw leven in de gemeenschap blijft niettemin van het grootste belang.

Ik had in een droom een diepgaande ervaring met betrekking tot dit aspect en wist wat het betekende:

Ik stond in de rij in een kantine. De persoon achter de toonbank schepte een portie eten voor mij op een bord. Tot mijn grote vreugde schepte ze uit een verborgen pan een lepel heerlijke geweckte kersen op mijn bord. Ik was al bevoorrecht en kreeg zelfs nog iets speciaals. Terwijl ik in de rij stond te wachten om te betalen, sprak ik met mijn buurman. Ik verloor tijdens het gesprek mijn bord uit het oog en toen ik weer keek, was ik ontzet. Iemand had een hap van mijn kostelijke eten genomen. Ik was diep teleurgesteld en begreep het niet. Naast verdrietig werd ik ook boos. Toen ik wakker werd, wist ik meteen dat dit een belangrijke droom was, waarmee God mij iets wilde vertellen. Ik zag mezelf meteen terug in dezelfde situatie. Ik beleef steeds opnieuw dat ik van God een volgeschept bord krijg. Soms krijg ik iets lekkers speciaal voor mij, gewoon zomaar voor mij. Dat het gewone leven mij vervolgens van dit lekkers berooft en er al snel niet veel meer over is van het voedzame eten, dat herken ik ook. Ik heb relaties die er diep inhakken bij mij. Ook wanneer ik met de kinderen ben, lijk ik wel eens plotseling geen enkele reserve meer te hebben.

Toen ik vertelde over deze droom, lag de nadruk in mijn reactie op het feit dat anderen zich tegoed hadden gedaan aan mijn eten. Ik had toch alle reden om blij te zijn dat ik weet waar en hoe ik eersteklas voedsel kan krijgen. Dat anderen daar ook iets van zouden willen hebben, is goed te begrijpen. Wanneer ik genereuzer zou zijn in het uitdelen, zouden ze er niet ongemerkt van hoeven pakken. Dat lukt alleen wanneer ik ervoor zorg dat het bord weer wordt gevuld.

Door de droom ging er een knop in mij om. Wanneer ik merk dat ik langzaam word leeggezogen, houd ik mezelf voor ogen dat ik snel weer bij mijn hemelse Vader kan bijtanken. De tijd die ik doorbreng met God, helemaal alleen met hem, krijgt daardoor nog meer betekenis. Wanneer mijn kinderen of andere mensen dingen van mij vragen, neem ik even een moment rust en controleer ik wat er nog op mijn 'innerlijke bord' ligt dat ik zou kunnen uitdelen. Sindsdien herken ik beter of mijn slechte humeur of ontevredenheid het gevolg zijn van het feit dat het bord niet wordt bijgevuld. Dat bijtanken kan ook geschieden door dingen te doen die goed zijn voor mij of door iets helemaal voor mijzelf te doen.

Mijn samenzijn met anderen heeft nu duidelijker het karakter van een relatie, maar ik zorg er wel voor dat ik me op tijd even terugtrek.

(3)

Het huwelijk als team

Ik ben getrouwd met de steen naast mij in het bouwwerk van God en we zijn een onlosmakelijke eenheid geworden. God zet ons samen in zijn rijk in, geeft ons een plek en een opdracht. Ons gezin is de meest voor de hand liggende bouwplaats waarop we aan het werk zijn. Onze rol en talenten zijn verschillend, maar ons hart, onze doelen en ons doorzettingsvermogen hebben we gemeen. We kregen allebei individuele talenten die we niet in de directe omgeving van ons gezin kunnen inzetten. Het is dus zaak om erachter te komen hoe we elkaar het beste kunnen ondersteunen, zodat ook daadwerkelijk gebeurt wat God met ons voorheeft. Toen we kinderen kregen, was het duidelijk dat we flexibele oplossingen moesten zoeken om ervoor te zorgen dat mijn werkkring niet uitsluitend bestond uit het gezin. Mijn man is niet van het soort dat er groot plezier in schept baby's een schone luier om te doen, samen met de kinderen kerstcadeautjes te knutselen of een uitstapje naar het zwembad te maken. We waren het er daarom over eens dat de tijdelijk grotere hoeveelheid werk binnen het gezin bij mij zou komen te liggen. Duidelijk was echter ook dat deze ingreep in mijn leven niet zo radicaal mocht zijn dat mijn andere talenten niet tot bloei zouden kunnen komen. Daarom bleef mijn man van het begin af aan één dag in de week thuis en kon ik een deel van mijn werk buitenshuis blijven doen. Voor mijn gevoel vond ik mijn plek pas echt toen ik minder werk hoefde te doen. Omdat ik niet meer oneindig veel tijd en kracht had om dingen uit te proberen of gewoon omdat het leuk leek bepaald werk aan te nemen. De kinderen helpen mij geweldig om mij te focussen op het werk dat thuis moet worden gedaan en radicaal grenzen te stellen. Dat zou ik niet meer kwijt willen, ook niet als de tijd aanbreekt dat ik weer meer ruimte krijg voor zelfontplooiing. Waarom zijn zoveel christenen uitgeput, overbelast of zitten ze in de stress? Kennelijk is het nog niet zo eenvoudig om grenzen te stellen, en als moeder van een paar kleine kinderen krijg ik de gelegenheid om te leren hoe om te gaan met het stellen van prioriteiten. En ben ik in staat zelf te ervaren hoe het voelt om een aanlokkelijk aanbod af te slaan omdat mijn gezin anders uit balans zou raken.

De geboorte van onze kinderen heeft een enorme impact gehad op ons huwelijksleven. We moesten onszelf totaal nieuwe vragen stellen wat onze roeping betreft. Omdat we een eenheid waren, wilden we elkaar ondersteunen in hetgeen God ons heeft opgedragen. We zijn afhankelijker van elkaar; we zouden beiden zonder de hulp van de ander niet aan onze bestemming kunnen voldoen. Dat ligt wat het ouderschap betreft voor de hand, maar ook wat betreft ons werk buitenshuis is het belangrijker geworden. Zoals God zijn plan met mij had toen ik nog ongebonden was, heeft hij dat met ons samen nu we een echtpaar zijn, zonder dat onze individualiteit daarbij verloren gaat. En hij speelt het zelfs klaar zijn wegen te openen voor ons gezin als geheel. Hij denkt nu eenmaal in samen, zijn eigen rijk is zo gebouwd en wij mensen zijn daarvoor geschapen.

Voor de geboorte van onze kinderen namen mijn man en ik vaak samen bepaalde taken op ons, werkten we zij aan zij aan hetzelfde project. Dat ging prima en we voelden ons er allebei goed bij. Toen de kinderen kwamen, namen we bijna uitsluitend nog gescheiden werk aan, omdat steeds een van beiden voor de kinderen zorgde. In het begin voelde dat vreemd voor mij en soms ook beangstigend. Aan de zijde van mijn man was ik zeker van mijn zaak, ik kon mij achter zijn brede rug verstoppen en erachter vandaan komen wanneer dat mij schikte. Nu reed ik in mijn eentje naar een bijeenkomst toe, hield een voordracht, leidde de gesprekken of zat in een vergadering. Mijn mening, mijn betrokkenheid en mijn vakkundige bijdrage werden op prijs gesteld. Ik moest dingen doen en ervoor instaan. Ik moest daarbij in mijn eentje klaar zien te komen met mijn gevoelens. Daardoor ben ik zelfstandiger geworden, ik heb duidelijker eigen opvattingen en sta sterker in het leven.

Wat ons huwelijk betreft, heeft dat veel voordelen. Ik ben als echtgenote interessanter, een gesprekspartner die niet gewoon knikt of uit frustratie principieel het tegenovergestelde beweert. Deze ontwikkeling vergt een grote portie wederzijds vertrouwen en de bereidheid van twee kanten om te veranderen. In het begin dachten we dat het mijn mans taak was om mij te stimuleren. Tegenwoordig hebben we meer het idee dat het ons beider taak is elkaar niet in de weg te staan, zodat Gods bedoeling in ons leven tot uitdrukking kan komen. Wanneer dit groeiproces plaatsvindt in ons beider afhankelijkheid van God, hoeven we niet bang te zijn dat we uit elkaar zullen groeien. Hij coördineert ons huwelijk en wij kunnen ons openstellen. Centraal staat de uitwisseling van de dingen die ons hart raken. We willen elkaar op dat gebied niet verliezen, maar gelijke tred houden met wat de ander ten diepste beweegt. In deze verbondenheid kan het dagelijkse leven heel verschillend zijn. Daar komt bij, dat wij een uitgesproken communicatief stel zijn. We praten over de kleinste details en houden elkaar op de hoogte van wat er in onze leefwerelden gebeurt. Doordat we allebei in beginsel weten hoe het dagelijkse leven van de ander er uitziet, is het niet moeilijk voor ons om erover te praten. Wanneer ik na een dag op kantoor naar huis kom en mijn man uitgeput aantref vanwege het huishouden en de kinderen, voelt dat tot in het puntje van mijn tenen aangenaam. Wanneer ik even voor twaalven aan de telefoon vertel wat ik die morgen allemaal heb gedaan – kinderen klaargemaakt voor school, huis opgeruimd, pastoraal gesprek gevoerd, telefoontje gepleegd, middageten gekookt – hoor ik met genoegdoening zijn verbazing. Hij kent mijn wereld! Dat het in de wereld van het werk buitenshuis ook niet allemaal goud is wat blinkt, heb ik zelf ook ervaren: een computercrash, teveel afspraken, moeilijke beslissingen, conflicten tussen mensen, financiële uitdagingen, een creatieve blokkade. Geen wonder dat het niet makkelijk is om na een dagje kantoor 's avonds om te schakelen. Je moet even op adem komen en omschakelen, anders ben je in je vrije tijd nog steeds met je gedachten bij de gebeurtenissen overdag op het werk.

Ik ervaar dit thuis zijn in de wereld van de ander als een verrijking en een kans om een partner te zijn voor elkaar.

De lessen voor de afstemming van het team en het aanvullend leiderschap zijn essentieel. Tegenwoordig zijn de eisen die worden gesteld aan mensen die de verantwoordelijkheid dragen zo complex, dat diverse mensen ermee moeten worden belast. De verantwoordelijkheden worden verdeeld over diverse schouders, maar daarmee ook de beslissingen. Je moet er daarom voor elkaar kunnen zijn en omwille van het grote geheel zelf ook kunnen inbinden, maar tegelijkertijd je individuele persoonlijkheid doeltreffend en gericht inbrengen. Deze eigenschappen kunnen worden getraind in familiesystemen. God zoekt mannen en vrouwen die met deze basisuitrusting verantwoordelijkheden in zijn rijk op zich nemen.

Rolpatronen

Wie neemt welke functie op zich binnen het gezin? Staat er in de Bijbel hoe de taken moeten worden verdeeld? Alles leek duidelijk te zijn geregeld, totdat we zelf een gezin waren en merkten dat het gezinsleven zich niet aan strenge richtlijnen hoeft te houden, maar zich gewoon mag ontwikkelen. Aan de ene kant zijn er de behoeften van de kinderen, de echtelieden, de uitdagingen om in het levensonderhoud te voorzien en de taken die moeten worden verricht. Aan de andere kant zijn er de individuele eigenschappen en mogelijkheden van de individuele leden van het gezin en de randvoorwaarden. Binnen deze richtlijnen krijgt het gezinsleven vorm. Niet het vasthouden aan traditionele rolpatronen staat centraal, maar hoe zo optimaal mogelijk om te gaan met de uitdagingen die er liggen.

In veel Derdewereldlanden worden arme gezinnen door de verstrekking van microkredieten geholpen zich een bestaansbasis te verwerven. In Bangladesh werden zo miljoenen gezinnen bevrijd uit de bittere armoede. Opmerkelijk genoeg doorbraken de kredietverschaffers de traditionele familiestructuur en verstrekten ze de kredieten uitsluitend aan vrouwen. Zij zijn in deze cultuur de betrouwbare partners en commercieel ingestelde ondernemers. Zijn zij daarom slechtere moeders geworden? In tegendeel, met behulp van het verdiende geld kunnen ze hun kinderen beter voeden en zelfs naar school sturen. Hebben de vaders aan waarde ingeboet? Nee, nu hebben ze werk dat geld oplevert, hun gevoel van eigenwaarde is versterkt en ze zijn in staat de verantwoordelijkheid te dragen voor hun gezin. En hoe staat het met de huwelijken? Man en vrouw zijn gedwongen samen te werken en ervaren daarin de zegen van hun relatie.

Rolpatronen zitten diep. Ik heb bijvoorbeeld mijn eigen innerlijke beeld van de perfecte moeder, waaraan ik wil voldoen... en dat mislukt. Ik was me er lange tijd niet van bewust hoe fantastisch mijn eigen moeder was. Alles was zo vanzelfsprekend. Ik voelde mij als kind geborgen en tegelijkertijd vrij. Er werd voor mij gezorgd. Ik kom uit een gezin van zes en we woonden in een groot huis, mijn grootouders woonden zelfstandig bij ons in. Mijn moeder kookte, hield het huis schoon, deed de was, naaide, breide, onderhield een grote bloementuin en een groentetuin, verzorgde haar gasten en was ondanks dit alles een ongecompliceerde, hartelijke vrouw. Natuurlijk, ze was wel eens moe en soms ergerde ze zich aan dingen, maar de basisteneur was positief. Ze was in haar element. Mij was duidelijk dat ik een ander karakter heb. Ik beschouw de bevrediging van de elementaire behoeften als noodzakelijk, meer niet. Ik wilde mijn creativiteit niet uitleven op de kookpot, het zaaibed of de naaimachine. Iets in mij verzette zich daartegen en daarom wilde ik het noodzakelijke kwaad zo snel en simpel mogelijk afdoen.

Toen we een gezin kregen, nam de hoeveelheid huishoudelijke taken toe. Een paar jaar lang zei ik dat ik niet goed was in deze dingen en er ook geen plezier in had. Hoewel ze veel tijd kostten, keek ik nooit zo precies. Interessant genoeg kreeg ik af en toe feedback van andere vrouwen, die zich erover verbaasden hoe ik erin slaagde kinderen, huishouden en werk te combineren. Ze spiegelden mij een beeld van het moederschap voor dat anders was dan het mijne. Pas toen werd ik mij bewust van het feit dat ik veel van mijn eigen moeder had meegekregen en toch iets begrijp van de organisatie van een huishouden. Aan de andere kant is dit voorbeeld ook een innerlijke meetlat geworden, met eisen waaraan ik door mijn belangen buitenshuis totaal niet kan voldoen. Na deze analyse voelde ik mij vrij een boek over het huishouden ter hand te nemen.[4] Ik las het als vakantielectuur tijdens de zomervakantie. Het inspireerde mij inderdaad, wat ik nooit had kunnen dromen. Ik vond in het boek tips die concreet in de praktijk konden worden gebracht, sindsdien maak ik bijvoorbeeld elke week een weekmenu voor het eten. Bij een paar punten voel ik ook de genoegdoening dat ik de dingen echt effectief doe. Sindsdien hoor je mij niet meer zeggen dat het huishouden mij niet ligt. Ik ben blij dat ik samen met de moedermelk heb ingedronken wat nodig is om een nest te verzorgen. Niet te hoge eisen aan mezelf stellen blijft een uitdaging, ik zet mezelf nog steeds vrij vaak onder druk. Maar ik zie in elk geval wat mij helpt om mijn emoties te begrijpen en deze in het gunstigste geval in andere banen te leiden.

De rolpatronen die wij van onze ouders meekregen, zitten diep. Ik zie mensen zich in een tegenreactie in een volledig andere richting ontwikkelen. Of zonder erbij na te denken hetzelfde patroon volgen. Ikzelf was me er lange tijd niet van bewust hoe sterk ik erin vastzit. Net als in andere kwesties over wat ik van mijn ouders meekreeg, ervaar ik Gods nabijheid als bevrijdend. Hij helpt mij bij het uitsorteren. Dan ontstaat er dankbaarheid voor de zegen over mijn leven. Hij corrigeerde mij wanneer mijn denken en

---

4 Bianka Bleier/Birgit Schilling, *Besser einfach, einfach besser. Das Haushalts-Survival-Buch*, Suppertal, 2002.

voelen waren omgedraaid. God plant nieuwe elementen in mij. In de uitvoering van mijn rol als moeder wil ik afhankelijk zijn van hem, ik wil mijn opdracht uit zijn hand ontvangen, zoals ik dat ook in andere situaties zou doen. Hoewel mijn gezin het kostbaarste is dat ik heb op deze wereld, gaat het uiteindelijk om God. Hij heeft het juist geacht dat ik moeder werd. Dus weet hij ook op welke manier ik deze taak moet vervullen.

Hoewel ik nu de kinderen groter zijn weer wat meer vrijheid heb – ik kan zelfs een boek schrijven – lig ik af en toe in de clinch met mijn taak. Onlangs klaagde ik tijdens een wandeling tegen God, dat ik mij gevangen voelde in deze rol en weer eens het plezier in het leven kwijt was. Ik verwachtte niet dat hij zou zeggen: 'Ik begrijp het, het is genoeg geweest, je bent klaar met je taak.' Dat zou ik ook niet kunnen, mijn leven is veel te sterk verweven met deze taak. Ik had het gevoel dat God mijn hart sterkte, zei dat hij mij deze taak had gegeven en dat het zo goed was. Dat moet voldoende zijn.

Eenmaal moeder, altijd moeder. Onherroepelijk. Dat is het unieke van deze taak. God legt ons een verantwoordelijkheid op de schouders, waar we niet meer vanaf kunnen.

Verantwoordelijkheid dragen

Moeder zijn is de grootste verantwoordelijkheid die ik ooit heb gevoeld. Het overleven van kinderen is voor een groot deel gebonden aan hun ouders. Hun lichamelijke en geestelijke behoeften zijn van meet af aan ondubbelzinnig gericht aan ons adres. Het is heel goed dat er ouderliefde is en dat wij bereid zijn die te schenken. Misschien zijn de kleine aardbewoners er weer eens in geslaagd je de zenuwen op het lijf te jagen, je zo te provoceren dat je bijna over je grenzen heengaat en ben je eigenlijk alleen nog maar boos. Maar als de kleintjes dan zo vredig in hun bedje liggen te slapen, begrijp je niet meer dat je zo boos op hen was. Elke stap in de ontwikkeling van een kind vervult ons ouders met trots. 'Kijk eens, die kleine van mij kan al lopen!' Wie heeft niet in zijn fotoalbum een foto van zijn eerste schooldag. Ook bij de sprongen in hun geestelijke ontwikkeling juichen we mee. Onze zoon kreeg een keer van een oudere jongen, die uit de speelleeftijd was, een tas met autootjes. Hij was dolenthousiast. We vertelden hem dat we onze dankbaarheid ook tot uitdrukking brengen door genereus met anderen te delen. We wilden hem helpen goed om te leren gaan met het grote geschenk. Het idee een paar autootjes aan iemand anders door te geven, vond hij eerst absoluut verwerpelijk. Vervolgens raakte hij in conflict met zichzelf, omdat hij weet dat hij er God een plezier mee doet wanneer hij deelt. Het kostte hem een hele dag en nacht om voor zichzelf helder te krijgen wat hij moest doen. Stralend van blijdschap kwam hij vervolgens naar ons toe, vroeg om twee mooie tasjes waarin hij de autootjes kon doen en gaf ze aan zijn vriendjes. Hij deed dat met zoveel overtuiging en plezier, dat duidelijk was dat hij de les had begrepen. Wij als ouders konden hem aansporen en vervolgens in ons achterhoofd alleen maar hopen dat hij de juiste beslissing zou nemen. Toen het tijd was om hem te prijzen, waren we vervolgens weer nadrukkelijk van de partij. Om die momenten te kunnen pakken waarop het kind geestelijk kan groeien, is genade nodig. Het gaat er niet om dat je je aan de regels houdt, maar dat je jouw kind voorbereid op het leven en het meegeeft wat juist is.

Paulus spreekt in zijn brief aan de Korintiërs de gemeente aan als zijn geliefde kinderen. Hij beschouwt zichzelf als hun geestelijke vader en zou willen dat er nog meer van dergelijke vaders waren. Strenge leermeesters zijn er genoeg, vaders echter maar weinig: 'Ik schrijf dit alles niet om u te beschamen, maar om u als mijn geliefde kinderen terecht te wijzen. Hoeveel opvoeders in het geloof in Christus u ook zult hebben, u hebt maar één vader.' (1 Korintiërs 4, 14-15a). Strenge leermeesters verkondigen waarheden, leren wat juist is en letten erop of de regels worden nageleefd. Ouders daarentegen wijden zich met heel hun hart aan deze taak. Ze lijden mee en verheugen zich samen met hun kind, ze lopen een stap harder als het moet en schuwen geen enkele moeite. Ze dragen het kind een goed hart toe, geven niet op, hopen op en geloven in het goede. Ze knokken ervoor om de ontwikkeling van het kind dat hun is toevertrouwd te stimuleren, zodat Gods plannen vervuld zullen worden. Het ouderschap is een hartstochtelijke roeping. Binnen ons eigen gezin krijgen we een voorproefje hoe het voelt wanneer we als ouders ons kind geestelijk steunen. We kunnen daar in een luchtige omgeving oefenen en leren onze genegenheid te ervaren, zodat we weten wat we in onze omgang met andere kinderen van God – ook volwassenen – moeten nastreven.

Dat een kind in het ideale geval een vader en een moeder heeft, is ook van belang voor het geestelijk leiderschap. Idealiter voelen zowel vader als moeder zich door Jezus geroepen hun kind in staat te stellen een gezonde ontwikkeling door te maken. Het is duidelijk dat binnen het gezin de behoefte bestaat elkaar aan te vullen. Onze kinderen leren vaak nieuwe dingen wanneer ik er niet ben en hun vader voor hen zorgt. Hij vraagt dingen van hen, die ik met mijn behoudende karakter voor onmogelijk houd. Onze zoon klom bijvoorbeeld samen met zijn vader boven in de klimtoren op de speelplaats. Toen ik na een verblijf van een week in het buitenland weer thuis kwam, hoefde onze dochter geen glaasje melk meer voor het naar bed gaan. Ook het moment dat de kinderen geen borstvoeding meer nodig hadden of hun hartstochtelijk gekoesterde fopspeen in de tuin werd begraven, had plaats onder de regie van hun vader. Hij leert onze kinderen hun eigen grenzen te verleggen, dingen te durven of dingen van zichzelf te vragen. Op die manier krijgen kinderen het gevoel iets te hebben gepresteerd, komen ze vooruit en verbreden ze hun repertoire. Met hun vader spelen ze wilde en luidruchtige spelletjes of hebben ze ontzettend veel lol. Mij liggen de rustige momenten van het voorlezen, de intensieve gesprekken naar aanleiding van hun kindervragen of alle aspecten die met hun verzorging te maken heeft, veel beter. Natuurlijk zijn dat niet meer dan algemene tendenties, in de praktijk kan het goed ook eens een keer andersom zijn. Ik ben oneindig dankbaar dat hij mij zo goed aanvult. Kinderen hebben het allebei nodig, te worden 'bemoederd' en 'bevaderd'. Als aan een van beiden te weinig wordt voldaan, heeft dat consequenties. Wanneer mijn man voor zijn werk langere tijd van huis was, kon het gebeuren dat onze zoon van twee de ene koppige bui had na de andere. En wanneer ik de kinderen na een paar dagen vroeg of ze hun vader misten, huilden ze tranen met tuiten. Ik kan hun ontbrekende vader wel vertegenwoordigen, maar niet vervangen. Op dat soort momenten begrijp ik iets beter de situatie van alleen opvoedende ouders, hoeveel kracht en creatieve oplossingen deze familiesituatie vergt.

Wat betreft de geestelijke ontwikkeling, is de situatie ongeveer gelijk aan die van hierboven. We zijn geschapen om elkaar aan te vullen. Mannen hebben vaak een doel voor ogen en gaan daar recht op af, vrouwen vinden het belangrijker hoe iets wordt gedaan. Het doel en de manier waarop zijn op zich gelijkwaardige elementen, die niet los van elkaar kunnen worden gezien. Veel mannen zijn analytisch, laten hun licht schijnen over het proces en ordenen de dingen op een logische manier. Vrouwen met hun helicopterview kunnen de zaken vervolgens in het juiste licht plaatsen en de verbanden blootleggen die indirect werkzaam zijn. Wanneer deze krachtige aanvulling geschiedt vanuit een vader- en een moederhart, ontstaat er een manier van leiding geven die kinderen naar de vrijheid voert, hen een volmacht geeft en in staat stelt zich als een mondige burger te gedragen.

In de Bijbel wordt beloofd dat God de kinderlozen zal zegenen met talrijke nakomelingen, alsof ze zelf kinderen hadden gebaard. In de brief aan de Galaten staat: 'Wees verheugd, onvruchtbare vrouw, jij die niet baart. Jubel en juich, jij die geen weeën kent. Want zij die zonder man is, heeft meer kinderen dan zij die met een man is.' (Galaten 4, 27). Geestelijk ouderschap heeft geen directe relatie met biologisch ouderschap. Maar betreft het onze eigen kinderen, dan vormt God gaandeweg ons hart. Het moet breder, liefdevoller en geduldiger worden en nog meer inlevingsvermogen tonen. Een kind heeft nog steeds mijn onvoorwaardelijke liefde wanneer het beslissingen neemt waar ik het niet mee eens ben. Ik zou willen dat christenen meer van dit soort liefde zouden tonen in plaats van – zoals zo vaak gebeurt – te handelen naar de wet. Ik wil dat mijn kind zelfstandig wordt en draag om die reden de verantwoordelijkheid over aan hem. Wat zou het een bevrijding zijn wanneer meer mensen binnen de gemeenten zich geroepen zouden voelen de ouders te begeleiden en een steunpilaar voor hen zouden zijn.

Mijn mogelijkheden om mij in te zetten in de gemeente van Jezus zijn op dit moment nog beperkt. Ik ervaar deze intensieve periode van het moederschap als een trainingsprogramma voor mijn hart. In de allereerste plaats moeten mijn eigen kinderen daarvan profiteren. Hoewel dat al genoeg zou zijn, ben ik ervan overtuigd dat mijn grotere hart nog veel andere mensen tot zegen kan zijn. Gods toekomstmogelijkheden duren een leven lang.

(4)
Groeien in je roeping

Gods visie op ons leven ziet er aanzienlijk anders uit dan onze eigen begrensde blik. Alleen al zijn heerschappij over ruimte en tijd is met ons denkvermogen niet te bevatten. In de loop van de jaren kreeg ik ook steeds meer het gevoel dat ook zijn prioriteiten anders liggen dan de mijne. Larry Crabb schrijft in zijn boek *Christsein ohne Krampf*[5] over het feit dat we belangrijke en minder belangrijke zaken vaak verwisselen. Op de eerste plaats staan God en zijn gebod hem lief te hebben met heel onze ziel. Op de tweede plaats komen zijn zegeningen en beloften. Omdat we op onszelf gericht zijn, proberen we een goed leven te leiden en God daarvoor te gebruiken. We denken dat we, wanneer we alles goed doen, aanspraak kunnen maken op zijn zegen. Natuurlijk zegent God ons en grijpt hij in ons leven in. Maar wanneer dat het enige is waar het om gaat en wij dat proberen te krijgen, blijven we gevangen in onze religiositeit. 'Zoek liever eerste het koninkrijk van God en zijn gerechtigheid, dan zullen al die andere dingen je erbij gegeven worden.' (Mattëus 6, 33). We moeten ons geen zorgen maken om wat God ons toebedeelt. We moeten in onze nood en behoefte leren onze handen uit te strekken naar hem en onze gemeenschap met hem. Of hij ons geneest, verandert of dat niet doet, is dan niet meer zo van invloed op de relatie.

---

5 Lawrence J. Crabb, *Christsein ohne Krampf*, Basel/Giessen, 2004. Noot van de vertaler: Nederlandse vertaling van Engels origineel: Lawrence J. Crabb, *Druk van de ketel*, Uitgeverij Medema, 2004.

God heeft ons geschapen om vriendschap te sluiten met hem. Hij wil vanuit deze vriendschap gedachten en ervaringen met ons uitwisselen. Wij vertellen hem wat ons beweegt en hij ontfermt zich daarover. Hij vertelt ons wat hem beweegt en onze ziel en onze kracht stemmen zich daarop af. Dat heet 'roeping'.

Ik was altijd van mening dat roeping te maken heeft met duidelijk omschreven taken en opdrachten. Deze taken en opdrachten passen bij mijn talenten en mijn persoonlijkheid. God geeft mij een unieke taak in deze wereld. Zo zie ik dat nog steeds, maar toch ben ik wel heel anders gaan denken over het geroepen zijn.

Mijn man en ik waren vier jaar getrouwd en op kampeervakantie in Zuid-Frankrijk. Tijdens een stormachtige nacht kon ik in onze kleine tent de slaap niet vatten en lag ik lang wakker. Mijn gedachten schoten heen en weer van rukwinden en rondvliegend tentdoek naar de stabiliteit van de scheerlijnen en het graven van greppeltjes. Op een gegeven moment gingen ze over in een gesprek met God. We werkten al meer dan een jaar fulltime op de 'Campus für Christus'. Onze studietijd en ons verblijf in het buitenland lagen achter ons, ik liep langzaam richting de dertig, we waren min of meer gesetteld en de vraag of we kinderen wilden drong zich steeds meer op. Die nacht werd mij duidelijk wat God van mijn verlangde: hij vertelde dat het tijd was om moeder te worden. Alles wat nodig was om mij te leren wat mijn bestemming was, zou hij mij tijdens deze opdracht bijbrengen. Op een gegeven ogenblik viel ik in slaap. De volgende morgen kon ik me nog precies herinneren hoe het gesprek die nacht was gegaan en was ik ervan overtuigd dat dit mijn pad was. Ik sprak er met mijn man over en we namen het besluit tot gezinsuitbreiding. Het duurde nog zeker een jaar voordat onze zoon werd geboren. Sindsdien is de zekerheid dat ik met het moederschap voldoe aan Gods bedoeling met mij, mijn solide basis. Ik had het me alleen heel anders voorgesteld. Ik dacht dat met God erbij niets verkeerd kon gaan en dat ik tot bloei zou komen. Dat is toch wat God wil: mijn leven tot bloei brengen en wat in mij zit tot volle wasdom brengen, zodat ik beter in staat ben mij te schikken in mijn roeping. Die wordt vervolgens gedefinieerd door een duidelijk omlijnde taak.

Er bestaat een Bijbeltekst, waarin Jezus zegt dat de graankorrel eerst in de aarde valt en sterft voordat hij vrucht zal dragen (Johannes 12, 24). Tijdens de geboorte van onze zoon werd mij voor het eerst duidelijk wat hij daarmee bedoelde.

Naast het onbeschrijflijke gevoel van geluk over de geboorte van ons eerste kind staan twee sterke indrukken die ik had in de verloskamer, in mijn ziel gegrift. Tijdens de geboorte, waarin het nieuwe leven begint te ademen, lijken hemel en aarde elkaar te raken. De enorme scheppingskracht van God wordt zichtbaar en voelbaar en doet zich onherroepelijk gelden. Wij kunnen ons als mens alleen maar voegen naar deze kracht, we kunnen ons ermee verbinden en eerbiedig aannemen dat God zich op die manier in ons manifesteert. Tegelijkertijd wordt ook duidelijk dat wij als mens tekortschieten en daardoor falen. Dat blijkt allereerst uit de weeën die wij vrouwen als gevolg van de zondeval moeten verduren. Ze herinneren ons tijdens de uren waarin we rondlopen in huis, de trap op en af lopen en diep doorademen in de buik, steeds frequenter en met steeds kortere tussenpozen aan de ongehoorzaamheid van Adam en Eva. Het gevoelige samenspel tussen hormonen, emoties, biologische en lichamelijke omstandigheden, sociale rand- en interpsychische voorwaarden is buitengewoon kwetsbaar voor verstoringen. De blijmoedige opmerking van God: 'Wees vruchtbaar en word talrijk' (Genesis 1, 22), verandert maar al te vaak in een door zorgen en gevaren overschaduwde angst. Dankzij de medische mogelijkheden op onze breedtegraad zijn tegenwoordig veel complicaties te behandelen. Maar voor het merendeel van de vrouwen op deze wereld is de geboorte tot op de dag van vandaag een gewaagde onderneming, waardoor hun gezondheid en sociale situatie kunnen veranderen in een puinhoop.

Toen we ons kind kort na de geboorte voor het eerst teder konden liefkozen en bij zijn naam konden noemen, leek het alsof zich in mij een verschuiving van prioriteiten voltrok. Door mijn nieuwe positie als moeder voelde ik een verantwoordelijkheid die ik tot dan toe nog niet eerder had gevoeld. Het was zonneklaar dat mijn leven vanaf dat moment ter beschikking zou staan van een ander leven, zodat Gods bestemming in mijn kind tot uitdrukking zou kunnen komen. Deze heroriëntatie was vreugdevol, zonder weemoed en verzet.

Met deze verschuiving van prioriteiten bedoel ik niet het uitleven van mijn eigen ik via mijn kinderen, het gaat om het loslaten. Je eigen rechten om iets te eisen verdwijnen naar de achtergrond, zodat het nieuwe leven ruimte krijgt. Kijk naar een baby en het zal je duidelijk zijn. Het tafereel van de geboorte is voor mij tot op de dag van vandaag een beeld van de weg die God mij de komende jaren zal wijzen. Die weg zal leiden naar de eeuwigheid.

De Bijbel zegt dat we moeten sterven om te kunnen opstaan en het nieuwe leven te verkrijgen. Het vergankelijke sterft, opdat het onvergankelijke kan herrijzen. Paulus schrijft in het vijftiende hoofdstuk van zijn eerste brief aan de Korintiërs over deze omwenteling en maakt daarbij gebruik van Jezus' beeld van de graankorrel, die eerst in de aarde valt en sterft, voordat hij vrucht zal dragen. We weten wat moet sterven. Soms vinden we het prettig en willen we het helemaal niet loslaten. Maar ook als we er eigenlijk wel vanaf zouden willen, is het niet makkelijk om die stap te zetten. Want tussen sterven en herrijzen zit de 'kist' met daarin de dode. We zouden er maar al te graag snel in gaan liggen en dan meteen het deksel weer openslaan en er herschapen, gelouterd en zegevierend weer uit stappen. 'Een beetje sterven' bestaat echter niet. Het is een radicaal, onherroepelijk iets. Mensen opwekken uit de dood kan alleen God. In mijn sterven lever ik mijzelf helemaal over aan hem. Wat vervolgens zal herrijzen, verschilt kwalitatief gezien hemelsbreed van wat ik meeneem in de dood. God belooft plechtig dat het beter, onvergankelijk en vruchtbaar zal zijn. Maar dat is mij in mijn toestand van sterven nog niet duidelijk, ik kan er slechts op vertrouwen dat God mij met zijn toezeggingen niet om de tuin leidt en dat ik werkelijk zal herrijzen.

Deze vorm van sterven deed zich niet alleen voor in de vorm van de typische offers die wij als moeders voor onze kinderen brengen, zoals het eindeloze geduld dat van ons wordt gevergd, de doorwaakte nachten die we moeten doorbrengen , de lichamelijke krachten die wij moeten geven en de talloze dingen waarvan wij moeten afzien. Ik ervoer het ook op geestelijk terrein. Belangrijke thema's daarbij waren mijn talenten en mijn persoonlijke voorkeuren.

In het kader van ons werk adviseren wij als team gemeenten, bedrijven en individuele personen. Daarbij speelt steeds de vraag naar persoonlijke talenten en passend werk een rol. Natuurlijk ging ik er altijd vanuit dat deze dingen in overeenstemming zijn met elkaar en het werk in principe bevredigend is wanneer ik Gods roeping volg. Na een paar maanden moederschap had ik echter het liefst een workshop 'hoe verbrand ik de talententest' georganiseerd. Wat had ik eraan te weten dat ik het beste tot mijn recht kom wanneer ik kan schrijven, adviseren en onderrichten, als daar helemaal geen ruimte meer voor is? Kon een werkende vrouw desnoods nog overwegen om op zoek te gaan naar een andere baan, ik zat vastgeklonken aan de commode. God zegde mij indertijd in Frankrijk toe dat hij me alles zou leren wat nodig was, en wel door het moederschap. Ik dacht in mijn eigen concepten en verwachtte dat God mij op zijn manier nieuwe leven zou inblazen. Maar hij liet dingen sterven.

Visioenen en het gewone leven van alledag

Zo voelde Hagar uit het Oude Testament zich waarschijnlijk ook (vgl. Genesis 21). God had haar Ismaël geschonken, met de belofte dat hij een grote toekomst voor zich had. Vervolgens wordt ze afgewezen en eindigt ze met haar kind in de woestijn. Daar is geen overleven mogelijk. Ze legt het kind onder een struik en gaat ernaast zitten, omdat ze niet kan verdragen dat het kind sterft. Terwijl ze weent en schreeuwt, verhoort God de jongen. God spreekt met Hagar en hernieuwt zijn belofte. Wanneer ze haar ogen opslaat, ziet ze een waterbron. De hoop op een nieuwe toekomst keert terug, de twee overleven en God is met hen.

Het gevoel dat ik na de geboorte mijn talenten verkwanselde, was zeer nadrukkelijk aanwezig. Een mix van woede, pijn, vertwijfeling en verzet borrelde binnen in mij. Het eindigde met een capitulatie voor God. Hij brengt mij in die situatie, dus heeft hij de situatie in de hand, ook al voelt dat niet zo. Talenten zijn gaven van hem voor anderen, die hij door mij wil laten vloeien. Ik heb daar geen recht op. Ze zijn ook niet bedoeld om mij tevreden te stellen, hoewel het inderdaad heerlijk is om vanuit je talent te kunnen leven.

God laat dat wat hij heeft geschapen niet verkommeren. Wanneer hij onder een struik iemand hoort kermen, heeft hij erbarmen en opent hij een bron.

Doordat ik radicaal werd gekortwiekt, kregen mijn talenten een nieuwe betekenis in mijn leven. Ik moest op zoek naar deze bron. Daardoor ontstond er een gezonde focus. Er zijn zo ontzettend veel dingen die je nog meer zou kunnen doen. Die kan ik mij nu niet meer permitteren. Ik moet weten of ik een concrete taak heb. Zo ja, dan zal ik de ruimte, de kracht en de tijd krijgen om die te vervullen. Zo nee, dan wordt het een uitputtend en onplezierig gebeuren. Het is niet echt nieuw en opzienbarend dat het er in de dienst voor Jezus om gaat te doen wat hij van ons vraagt. Toch houdt de christenheid zich te zeer bezig met dingen die niet nodig zijn. We worden zo snel opgeslorpt door de eisen van anderen. Ik moest leren omgaan met het feit dat ik nog maar een beperkte capaciteit had om buiten mijn gezin om iets te doen. Ik denk goed na, voordat ik een verzoek om hulp honoreer. Soms betekent het dat ik een opdracht niet aanneem, hoewel hij zeer aantrekkelijk is. Dat doet tot op de dag van vandaag nog steeds een beetje pijn. Er beweegt nog iets in de 'kist'!

God moest Hagar de ogen openen, opdat ze de waterbron die het haar kind en haarzelf mogelijk maakte om te overleven zag. Om onze talenten te laten overleven, groeien en rijpen, moet God ons precies laten zien welk voedsel en welke mogelijkheden om te oefenen er zijn. Ik kan niet meer elke cursus pastoraat bezoeken die ik interessant vind. Maar stuit ik op een mogelijkheid tot bijscholing die mij in een concreet geval verder helpt, die ik meteen in de praktijk kan toepassen, dan is er altijd ruimte, tijd en een mogelijkheid om de kinderen te laten opvangen door vrienden en bekenden. Dat kost weliswaar extra inspanning en energie, maar het loont de moeite. Ik ben in de gelukkige omstandigheid dat mijn man flink mee aanpakt, zodat ik met een been in de dienst aan Jezus kan blijven staan. Vrienden ondersteunen ons als gezin, door onze kinderen liefdevol een plek te geven in hun leven, zodat wij als ouders af en toe allebei tegelijk van huis kunnen zijn. Ik ben zeer dankbaar voor dit voorrecht. Toch kost het extra inspanning en heeft het een prijs. Ik herinner me nog dat ik de hele dag les gaf, ondanks het feit dat ik een kind aan de borst had. Wanneer ik om zes uur 's ochtends samen met mijn kind van huis ging, vroeg ik mij wel eens af waarom ik mezelf dat aandeed. De leerlingen hadden pauze wanneer mijn kind honger had. Ik was na zo'n dag altijd doodmoe, maar wel zeer gelukkig.

De organisatie van ons gezinsleven rond onze taken blijft een thema. Wat vandaag een prima oplossing is, kan morgen best te veel zijn. Aan de ene kant is het nodig om flexibel te zijn. Aan de andere kant moeten we de boel rustig over ons heen laten komen. Binnen ons gezin geldt de stelregel: 'maak het niet te moeilijk'. Ik hoef niet verbeten een ideaalbeeld of een keuze achterna te lopen.

Inmiddels beschouw ik de manier waarop ik omga met mijn talenten als een grote verantwoordelijkheid. Juist in de gemeente waarin wij als echtpaar een leidinggevende verantwoordelijkheid dragen, lever ik mijn bijdrage. Wanneer ik dat niet doe, ontbreekt er iets. Vroeger was de vraag belangrijk of wat ik deed mij wel vervulling schonk. Tegenwoordig vraag ik mij steeds vaker af of ik bij problemen of dingen die moeten worden gedaan op de een of andere manier deel kan uitmaken van de oplossing. Wanneer ik mijn verplichtingen op die manier benader, doet het er niet toe of ik bijval krijg en overleef ik zelfs verzet.

Je eigen bestemming ontdekken

Toen God in de eerder genoemde nacht in Frankrijk tegen mij zei dat ik alles zou leren wat nodig was voor het moederschap, dacht ik dat ik zou worden voorbereid op een specifieke taak. Ik ben me er tegenwoordig steeds meer van bewust dat hij daarmee bedoelde dat mijn hart zou leren wat nodig was. Het is God te doen om de houding van mensen, die hij verandert en dingen leert. Hij wil nieuwe reflexen aanleren, die de oude, zondige vervangen. Mijn unieke bestemming heeft niet zozeer te maken met mijn omgeving, maar veel meer met het feit hoe ik reageer op de randvoorwaarden en wat mijn eigen inbreng is. Geroepen zijn betekent ook je met huid en haar, zonder voorbehoud, richten op een taak.

Toen onze dochter naar school ging, wilde ik meer gaan werken. Ik kreeg meer ruimte voor mezelf, een geregelder leven, dan moest het toch mogelijk zijn om een vervolgopleiding te doen of misschien zelfs een nieuwe uitdaging te zoeken in mijn werk. Ik deed concrete pogingen, solliciteerde naar een andere baan en onderzocht de mogelijkheden om te promoveren. Het resultaat was ontnuchterend. Voor een kerkelijke functie kreeg ik een afzegging omdat ik lid was van een vrije kerk en dat leek verdacht. Wat betreft het promoveren, realiseerde ik mij dat mijn werkomgeving de laatste vijftien jaar ingrijpend was veranderd. Ik miste de aansluiting en zou ongeveer vijf jaar hard moeten werken om de gewenste titel te verwerven. Die inspanning kon en wilde ik niet leveren. Tijdens een gebedsdienst een tijdje geleden kreeg een vrouw een beeld dat mij zeer aansprak. Ze zag mij voor een kleine houten deur staan, in de hand een bos met allemaal verschillende sleutels. Ik probeerde ze allemaal, maar geen een paste. In plaats daarvan vroeg God mij waarom ik de kleine deur wilde nemen, omdat de grote deur openstond voor mij. In mijn hart wist ik, dat de beschreven situatie klopte. In mijn gedachten en pogingen liep ik op tegen een gesloten deur. Er was altijd een detail dat niet klopte, ik was niet blij, er was geen onoverkomelijke tegenslag. Ik stond nog goed een jaar voor deze deur en was radeloos, wist niet hoe ik de grote deur moest vinden. Pas toen realiseerde ik me tijdens een gesprek wat het hoofdprobleem was van de kleine deur: was hij opengegaan, dan was ik gedwongen geweest te bukken om er überhaupt doorheen te kunnen. Daarmee werd een van mijn grootste karakterzwaktes blootgelegd. Ik kan mij heel goed aanpassen, wat zeker ook een sterke kant is. De keerzijde van de medaille toonde echter het lelijke gezicht van mijn dienst aan mensen. Ik wilde graag voldoen aan de verwachtingen van mensen, een aardige gesprekspartner zijn. Ik buig voor mensen in plaats voor God en wat hij wil. Hij wilde dat ik rechtop door de deur schreed die hij openhield voor mij. Als eerste wierp ik tijdens het gebed de sleutelbos van mij. Klaar met de zelfbedachte uitvluchten en pogingen om mijn geluk te vinden! Natuurlijk wilde ik weten waar ik de grote deur kon vinden. Ik had graag een uitdaging gekregen in mijn werk. In plaats daarvan werd duidelijk dat de verschillende gebieden waarop ik mijn leven leef, deze deur zijn. Ik kan leren rechtop te lopen, in het dagelijkse leven met de kinderen, het huishouden, de gemeente, wanneer ik lezingen houd, wanneer ik advies geef. Aan twee symptomen merk ik wanneer ik geneigd ben mij terneer te laten drukken door de eisen die aan mij worden gesteld, in plaats van rechtop te lopen als Gods kind: dan voel ik me doodmoe en word ik agressief. Ik heb die alarmsignalen nodig om pas op de plaats te maken, de situatie neer te leggen voor God en hem mij te laten zien wat hij van mij verwacht. In het dagelijkse leven binnen ons gezin ziet dit meebuigen met de situatie er op het eerste gezicht best heldhaftig uit. Ik neem de verantwoordelijkheid, heb de situatie onder controle, ben de situatie meester en doe alles goed, zodat het iedereen goed gaat en niemand uit het spoor loopt.

Mijn dochter en ik hadden een heftige woordenwisseling. Ze was boos omdat ze iets niet mocht en protesteerde luidkeels. Ze was al een dametje met karakter en we hadden een ware machtsstrijd. Toen ze naar bed ging, was ze wel gekalmeerd, maar haar boosheid was nog voelbaar. Zoals elke dag baden we nog even met elkaar. Tijdens het gebed werd ik mij pijnlijk bewust van het feit dat ik tot een bepaald deel van haar persoonlijkheid geen toegang heb. Ik heb geen greep op haar hart, ik begrijp werkelijk niet wat daar allemaal gebeurt en ik kan alleen conclusies trekken uit haar uiterlijk zichtbare reacties. Maar wat gebeurt er in haar hart? Hoe graag zou ik daar de dingen kunnen sturen, zoals ik denk dat het goed is. Dan had ik ook bepaalde zorgen niet. En toch was God niet van plan mij rechtstreeks toegang te geven. De weg loopt via hem. Hij alleen kent dit tere kinderhart en zijn liefde is overvloedig. Wat ik wil, doet er niet toe en ik moet ophouden mij zorgen te maken. Mijn bijdrage is, dat ik erop vertrouw dat God niet moe wordt zorg te dragen voor dit leven. Door mij afhankelijk op te stellen van hem, leer ik inzien welke bijdrage de Schepper van mij verlangt. Het heeft dus geen zin meer mij nog zorgen te maken, ik hoef niet meer niet te weten wat er speelt en toch te willen bepalen, druk uit te oefen om te proberen haar kinderhart binnen te dringen. Onze kinderen zijn niet van ons. In welke fase van de opvoeding ook, het komt eropaan los te laten, en hoe ouder ze worden, hoe belangrijker dat is. Het is een heilzame ervaring dat we onze kinderen niet in het ongewisse hoeven los te laten, maar als een stap in vertrouwen richting God. Hij heeft immers plechtig beloofd dat hij ons – en ook onze kinderen – nooit zal verlaten.

Rechtop lopen betekent ook dat ik mijn leven niet laat bepalen door de eisen die aan mij worden gesteld, door mezelf of anderen, bepaalde situaties of emoties, maar in alles te vragen wat God wil en mij dat eigen te maken. Ik ben nog in het stadium van oefenen en geen meester, maar ik ervaar het als een bevrijding en dat God dicht bij mij is wanneer ik op deze manier te werk ga.

Geroepen zijn is een allesomvattende taak. Soms denken we dat het omschreven kan worden met een concrete taak, de dienst aan Jezus of een uitgesproken talent. De vraag naar mijn specifieke bestemming in dit leven beschrijven aan de hand van dergelijk uiterlijke kenmerken zou echter te kort door de bocht zijn en geen recht doen aan de grote waarde van een mensenleven. De dienst of het zichtbare is eerder een uitdrukking, een herkenbaar uiterlijk kenmerk van wie ik ben als totale persoon, een uitvloeisel van mijn bestaan. Mijn leven omvat nog veel meer. De vraag naar mijn roeping is uiteindelijk ook de vraag naar de zin van mijn leven. Die laat zich niet reduceren tot concrete prestaties. Tegenwoordig versta ik onder geroepen zijn: gelijke tred houden met wat God van mij verlangt. Natuurlijk kan dat tot uitdrukking komen in een concrete taak, bijvoorbeeld de verantwoordelijkheid van het moederschap. Maar zelfs deze grandioze, omvangrijke taak is slechts een onderdeel van mijn roeping, omdat hij geen deel uitmaakt van mijn wezen. Mijn roeping is groter dan een afgebakende opdracht. In een andere omgeving kan God mij nieuwe uitdagingen toevertrouwen, die ik vervolgens wederom op mijn eigen, persoonlijke manier uitvoer. Ik mag daarin alles geven wat ik op mijn levenspad heb geleerd en ook wat God van meet af aan in mij heeft gelegd. Maar ik kan nog steeds geroepen zijn, ook al ben ik niet meer in staat om concreet te handelen. Als ik door ziekte mijn huidige werk niet meer kan doen en niet meer in staat ben contact te onderhouden met anderen, heb ik dan geen roeping meer? Die vraag is verkeerd. Belangrijker is of ik het pad volg dat God voor mij heeft uitgestippeld. Als dat zo is, kan ik ook met de grootst mogelijke beperkingen mijn roeping volgen.

Maar hoe staat het met de belangrijkste koers in het leven, die van grote invloed is op de manier waarop ons leven zich ontvouwt? Is het niet belangrijk om de juiste beslissingen te nemen, juist wanneer het gaat om veranderingen in het werk, het gezin of de dienst aan Jezus? Op dit soort momenten mag ik het zeker niet laten afweten of de verkeerde weg inslaan. Natuurlijk kent het leven belangrijke afslagen. Maar wanneer ik mijn leven als geheel overzie, zijn het er maar relatief weinig. Ik constateer daarbij een interessant fenomeen. Wanneer ik mij focus op het volgen van Gods pad, gebeuren de dingen die werkelijk van belang zijn haast als vanzelf. Daarmee bedoel ik niet dat er geen sprake is van innerlijke onrust en benauwdheid, moed en turbulentie van buitenaf. Maar ik gebruik deze momenten en weet duidelijk wat mij te doen staat.

Als kind mocht ik op de lagere school bij het kerstspel de rol van Maria spelen. Opdat wij kinderen niet zoveel tekst uit het hoofd hoefden te leren, nam de meester de rol van verteller op zich, en las het kader van het verhaal voor. Achter het toneel luisterde ik met kloppend hart naar zijn inleidende woorden, totdat ik aan de beurt was om op te treden. De meester las: 'Het geschiedde in de tijd van keizer Augustus, dat een engel verscheen aan de maagd Maria...'. 'Het geschiedde', er verschijnt gewoon een engel aan deze jonge vrouw en hij daagt haar uit de wereldgeschiedenis totaal te veranderen. Ze krijgt opdracht deel uit te maken van Gods heilsplan. De inleiding 'Het geschiedde...' is revolutionair. Zou het kunnen zijn dat Gods ons in zijn liefde zo leidt, dat de dingen die werkelijk belangrijk zijn 'geschieden'? Hier is geen sprake van kwellende zorgen, overleg met een groot aantal adviseurs of een jarenlange strijd waarin de consequenties worden afgewogen. Het geschiedde gewoon dat God sprak tot iemand die het pad volgde dat God voor haar had uitgestippeld. De externe factoren waren al superieur gearrangeerd, de profetie konden worden vervuld. Maria ging vanuit haar pure hart akkoord met Gods weg. Hoewel het een belangrijk gebeuren is, vindt het in grote rust en kalmte plaats.

Het is een prachtig voorbeeld hoe God ons in zijn bestemming laat groeien. Hij laat ons weten wanneer een volgende stap nodig is.

Wanneer ik terugkijk op mijn leven tot nu toe, wordt dat bevestigd. Slechts een paar werkelijk belangrijke beslissingen deden mijn leven van richting veranderen. Dat was allereerst het moment waarop ik mij naar God keerde. Het lijkt misschien alsof ik voor *hem* heb gekozen, de waarheid is dat hij zich aan *mij* heeft getoond. Had hij niet het initiatief genomen, dan had ik hem niet (h)erkend. Was hij niet uitgeweest op een relatie met mij, dan had ik daar niet op in kunnen gaan. Ik koos mijn studie omdat ik Gods pad wilde volgen, zonder precies te weten waar dat toe zou leiden. Ook al was het de afgelopen tien jaar niet direct van grote invloed, ik heb toch het gevoel dat deze beslissing overeenstemde met wat God met mij van plan was. Een andere mijlpaal was de beslissing, samen met mijn man, om te trouwen. We hielden van elkaar, vertrouwden op God en besloten een verbintenis voor het leven aan te gaan. God was het daarmee eens. Hij creëerde uit onze unieke constellatie nieuw leven en wel in totaal verschillende opzichten. We overlegden samen of we deel zouden gaan uitmaken van Gods werk. Ons hart verlangde ernaar en we waren bereid om aan Gods voorwaarden te voldoen. Hij stelde tijdens het beslissingsproces mensen aan onze zijde die ons naar de dienst hebben geleid. Meerdere opties waren mogelijk, de weg werd geëffend en wij konden de stap wagen.

Vader en moeder worden is op zich een natuurlijke consequentie van trouwen. Toch ben ik dankbaar dat ik deze beslissing bewust mocht nemen als een antwoord op Gods verzoek. Mijn moederschap niet slechts zien als de biologische consequentie van ons huwelijk maar als een duidelijke opdracht van de Schepper, helpt mij. In moeilijke perioden kan ik hem aanspreken. Hij draagt de last die ik zelf niet kan dragen. Hij is mijn hulp, want als Schepper kent hij de kleintjes door en door. Hij is in staat om door te dringen in die gebieden van hun hart die voor mij niet toegankelijk zijn. En hij is ook in staat mijn gemoed te kalmeren als ik het zelf niet meer weet.

Het gaat er tijdens de intensieve tocht naar de eigen bestemming niet om de omstandigheden zonder meer te aanvaarden. Van mij wordt verwacht dat ik mij opstel als een actieve partner van God, dat ik mijn hele persoonlijkheid inbreng. De belangrijkste teneur daarbij is Gods vrede. Niet mijn innerlijke onrust of mijn eigen geschuifel of doordrukken banen de weg naar de toekomst, maar Gods hulp. Vooral het in de praktijk brengen van datgene waartoe God ons heeft geroepen, kan op het oog veel kracht kosten en veel inzet vergen. Het besluit om te trouwen is meestal een eenvoudige stap, het vorm geven aan deze roeping – namelijk gestalte geven aan het huwelijk en er elke dag naar leven – vergt al onze toewijding.

Om te ervaren dat 'het geschiedde...', is een basisvoorwaarde nodig en die heet vertrouwen. Daar sluit de cirkel zich weer. Vertrouwen moet groeien en is afhankelijk van de vraag hoe belangrijk mijn relatie met de Schepper voor mij is en hoe ik die vorm geef. Wanneer ik in de allereerste plaats probeer zijn pad te volgen, heb ik de kracht om te wachten tot zijn wegen zich openbaren. En dan heb ik de moed om vanuit de standvastigheid van mijn hart een stap te zetten.

Hartenwensen

Het is de Schepper die mij leidt. Ik ben zijn gesprekspartner, niet een willoze pop. Wanneer mijn hart zich afstemt op hem, doe ik helemaal mee. Juist omdat God mijn Schepper is en mij geschapen heeft als een uniek mens, moet in de samenwerking met hem juist deze aard tevoorschijn komen. Waar voelt een pollepel zich het best? In de pan natuurlijk, daar hoort hij en hij houdt van de geur, de dampende hitte, het roeren. Dat komt het diepst overeen met zijn natuur. Maar moet hij een tuin omspitten, dan gaat hij na een bepaalde tijd kapot. Hij is daarvoor gewoon totaal ongeschikt. Wanneer ik dat beeld doortrek naar mijzelf, bevind ik mij als pollepel wel steeds in de tuin. Hoe langer ik daar ben, hoe meer ik vergeet wat mijn eigenlijke passie is. Ik vind ook in de tuin dingen die mijn inspireren. Er groeien verschillende soorten groente en kruiden. Dat is heel spannend en behoort ook tot mijn metier. Wanneer ik ooit opnieuw in een pan beland, zal ik anders omgaan met deze ingrediënten. Maar ik durf niet meer te hopen dat ik daar nog weer eens terecht zal komen, mijn herinneringen verbleken en met de jaren vermindert zelfs mijn hartsverlangen daarnaar. God ziet graag dat wij weer op zoek gaan naar onze verborgen hartenwensen.

Onze dochter had een bijzondere wens voor de kerst. Ze wilde een kopieerapparaat op haar eigen kamer. Niet dat ze zo van technische snufjes houdt, ze speelt als meisje dat net naar school gaat meestal hartstochtelijk schooltje in haar vrije tijd. Dan kruipt ze in de rol van onderwijzeres en is bij gebrek aan beter ook tevreden met een stel denkbeeldige leerlingen. Ze moet als onderwijzeres steeds nieuw lesmateriaal maken en vermenigvuldigen. Daarvoor leek een kopieerapparaat haar gewoon ideaal. Al in de aanloop naar de kerst werd haar echter duidelijk dat er op haar kamer helemaal geen plaats was voor zo'n apparaat. En toen we haar vertelden hoeveel zo'n apparaat kost, snapte ze het. Ze stopte haar niet-vervulde wens diep weg en neemt nu weer ijverig papier mee uit de papierbak op school, om dat thuis te gebruiken. Door onze logische argumenten verzwakte haar wens en uiteindelijk liet ze hem los. In dit voorbeeld kan de oorspronkelijke passie voortbestaan, ook al blijft het gewenste rekwisiet uit.

Maar wat gebeurt er wanneer ook de oorspronkelijke passie wordt onderdrukt? De uiterlijke realiteit brengt ons hart tot zwijgen. Wat eventueel nog heel open toegankelijk is wanneer we kind zijn, raakt in ons binnenste door de jaren heen steeds dieper onder het stof, totdat we het zelf niet meer kunnen vinden. Het wil vorm krijgen in ons leven. Mijn bestemming ligt in hetzelfde vlak als mijn diepste hartsverlangens.

Ik heb de intensieve periode met de kinderen beleefd als een fase waarin mijn eigen behoeften zo ver naar de achtergrond werden geduwd, dat er geen ruimte meer was om na te denken over de vraag wat ik wilde. Ik vertelde al over de stervensprocessen. Ik moest leren alles in dankbaarheid te aanvaarden en te overwinnen, mezelf over te geven. Zelfmedelijden moet verdwijnen, omdat het de toekomst alleen maar in de weg staat. Maar zoals Prediker in het Oude Testament zegt: alles heeft zijn tijd (Prediker 3, 1). De pollepel komt terug in de pan. Jozef wordt ontslagen uit de gevangenis en neemt zijn regeringstaken op zich. Hij is in deze jaren veranderd. Of beter gezegd, hij is in de duistere periode meer zichzelf geworden, omdat God kon werken aan zijn innerlijk leven. Ik ben steeds beter in staat mijzelf op te richten, wat op zich al van onschatbare waarde is in mijn leven. Maar het zal ook van betekenis zijn voor mijn verdere levensweg.

Ik had lang last van een ontevreden gevoel. Het verlamde mij en verhinderde mij mijn nieuwe situatie te omarmen en te accepteren. De innerlijke strijd heeft geloond, ik heb rust gevonden. Toch zit er nog een restje ontevredenheid in mij en dat zie ik steeds meer als een uitdaging. In mijn hart is iets in beweging, het zoekt een mogelijkheid om een diep begraven wens tot uitdrukking te brengen. Mijn Schepper heeft mij zo geschapen dat dit in mij gebeurt. Ik mag hem op het spoor komen, mijn wens opgraven, opnieuw voor God neerleggen en samen met hem de stap wagen. Niet krampachtig, maar in het tempo en de berusting van 'het geschiedde...'.

Wordt een haai in gevangenschap achter een glaswand gezet, dan went hij mettertijd aan deze beperking. Hij ziet wel het wijde water achter het glas, maar leert dat het voor hem onbereikbaar is. Wordt de glaswand weggehaald, dan blijft hij in zijn beperkte territorium. Soms is het nodig en goed dat er grenzen en beperkingen zijn. Ik heb geen seconde spijt van de weg die ik ben gegaan. Dat God mij moeder liet worden, is de kostbaarste verantwoordelijkheid die hij mij heeft toevertrouwd. Ik heb geleerd rond te zwemmen in dit aquarium, erin te leven en tevreden te zijn. Maar wanneer de glaswand wordt weggehaald en mijn actieradius zich verruimt, voelt dat heel vreemd. Ik aarzel, heb last van een schuldgevoel, kom terecht in een rolconflict en weet niet wat ik moet doen. Kan ik in de oceaan überhaupt nog wel aan de verwachtingen voldoen? Wat zegt mijn hart? Is er nog een vonkje over van de oorspronkelijke wens te gloeien? Dat zou genoeg zijn.

Ik ben daar sinds enige tijd over in gesprek met God. De glaswand lijkt te worden weggehaald. Aan de ene kant ben ik daar blij om; aan de andere kant leidt dat tot veranderingen, voor mij persoonlijk maar ook voor ons gezin als geheel. Dat zou tot wrijving kunnen leiden en nieuwe aanpassing vergen en dat kost kracht. Maar als het gebeurt, wil ik niet aarzelen. Tijdens mijn overpeinzingen kreeg ik eens te meer het beeld van Jozef voor ogen. Aan het einde van zijn gevangenschap kwam het moment dat hij uit de kerker werd gehaald. Aarzelde hij? Dacht hij: 'Nee, nu weet ik eindelijk hoe ik met de situatie moet omgaan en mijn dag moet doorkomen, ik laat me er nu niet ineens uithalen!'? Bepaald niet. Hij liep door de open deur naar buiten, liet zich nieuwe kleren aantrekken en trad aan voor zijn nieuwe opdracht.

Jozefs nieuwe opdracht werd een zegen, zowel voor de farao en de Egyptenaren als voor zijn vader en zijn broers. Zijn invloed schonk leven. Gods roeping van een individueel familielid houdt verband met het hele gezin. Ik ervaar het als een voorrecht dat onze kinderen af en toe deel hebben aan onze dienst en zo andere christenen kunnen leren kennen, ook over landsgrenzen heen. We delen als gezin onze ervaringen en verzamelen samen onze schatten. Wanneer we met een groot verantwoordelijkheidsbesef luisteren naar wat God ons te vertellen heeft en met gezond verstand naar onze kinderen kijken, kunnen we ze beslist betrekken bij onze roeping, natuurlijk in zoverre hun leeftijd en karakter dat toelaat. Wij gaan er vanuit dat Gods plan met ons als ouders ook goed is voor onze kinderen. God 'denkt in families' en bekijkt ons niet meer als individu maar als onderdeel van het netwerk van ons gezin. Het is een spannende onderneming om beter te leren begrijpen hoe ons gezin in elkaar zit, net als de persoonlijkheid van elk individu. Wat maakt ons als gezin uniek? Hoe zou ik ons gezin omschrijven? Waar zijn we goed in? Wat hebben we nodig? De laatste jaren merken we, dat we aanzienlijk beter 'functioneren' wanneer we niet 'met z'n viertjes' onze weg gaan, maar ingebed zijn in een grotere groep. De keren dat we ons terugtrokken als gezin, maar ook wanneer we intensief samen waren met andere gezinnen, werd duidelijk dat elk van ons opbloeit als individu. Er is minder wrijving, we zijn creatiever en doen minder moeilijk dan wanneer we onder elkaar zijn. We knopen alle vier gemakkelijk nieuwe contacten aan en het kost geen moeite de bestaande te onderhouden. In de toekomst willen we nog meer rekening houden met deze aard van ons gezin, we gaan er vanuit dat dit iets te maken heeft met onze roeping als gezin. Vanuit dat oogpunt naar je gezin kijken is leuk, spannend en onconventioneel en opent totaal nieuwe wegen.

Vrucht dragen

De vraag naar de roeping van het individu en het gezin is een belangrijke. Omdat het een wijds thema is en te maken heeft met mij als persoon en mijn relatie met God, schuilt er ook een gevaar in. Het centrum van de aandacht kan zeer gemakkelijk verschuiven. Doordat ik mij verdiep in mijn eigen eigenaardigheden, mijn talenten en mijn bestemming, komen mijn eigen mogelijkheden en behoeften centraal te staan. Het is een tocht langs de afgrond en heel makkelijk om in de val van de zelfverwezenlijking te lopen. De vrijheid in Christus heeft een dimensie waaraan ik mijzelf kan testen. Jezus illustreert dat met het beeld van de vrucht.

Gods uitverkiezing en roeping hebben een doel. Ons leven moet vrucht dragen. Ik had het eerder al over innerlijke processen en verandering. In deze fase rijpen bepaalde karaktereigenschappen en een bepaalde innerlijke houding, die door Paulus omschreven wordt als de vruchten van de geest. De vruchtbaarheid van ons leven heeft dus de dimensie om ons innerlijke wezen te veranderen.

Jezus vertelt de gelijkenis van de wijngaardenier, die de wijnstok zo snoeit dat hij vrucht draagt (vgl. Johannes 15, 1-8). Het afsnijden van onvruchtbare ranken herinnert mij aan het reinigingsproces waarmee oude, overbodig geworden opvattingen en gewoonten worden gelouterd en verwijderd. Inwendig ontstaan er nieuwe vruchten. Uit deze heiliging ontspruiten vervolgens de uitwendig zichtbare vruchten.

Dit soort vrucht is zichtbaar, komt tot uitdrukking door gehoorzaamheid [aan God] en de werken die worden gedaan. Om op dat niveau naar mijn leven te kijken, stel ik mijzelf vragen als: 'Ben ik anderen tot zegen en heeft die zegen eeuwigheidswaarde?' of 'Is er een mogelijkheid de rijkdom die God mij geeft naar anderen te laten vloeien?'. Wat betreft deze vruchtsoort gaat het snoeien verder dan alleen het verwijderen van onbruikbare twijgen. De wijnboer verwijdert ook goede kiemen, zodat de wijnstok minder vruchten zal dragen. Daarop concentreert zich wel de groeikracht, waardoor ze rijk en zoet worden en dat levert weer de beste wijn! Ik zou zo graag nog andere dingen doen. Maar ik heb niet de kracht om alles te doen. Het beeld van de vrucht bevalt mij daarom zo goed, omdat wij kinderen ook wel aanduiden als de vrucht van het lichaam. Dit soort vrucht vergde in mijn leven veel aandacht en concentratie, maar door in mijn activiteiten te snoeien heb ik ook veel goede dingen kunnen doen. Ik was ook in staat om buitenshuis, in mijn kerkelijke dienst en in mijn werk, vrucht te dragen. Dat is zelfs prima. Het is belangrijk voor mij om te weten dat ik ook wanneer mijn taak buitenshuis had gelegen, had moeten snoeien, omdat het een goddelijk principe is. God wil goede vruchten, daarvoor ben ik voorbestemd. En dat lukt alleen wanneer de groeikracht wordt gekanaliseerd.

Naast het snoeien, dat vanzelf gebeurt, noemt Jezus nog een tweede factor die verantwoordelijk is voor een goede vrucht: in hem blijven. Een deel van het snoeien in mijn activiteiten en verplichtingen ervaar ik als bevrijdend, namelijk wanneer oude lasten van mij afvallen, aan het licht komt dat bepaalde karaktertrekken mij alleen maar beperken en mijn geestelijke wonden worden genezen. Dan blijf ik graag in hem. Maar op de momenten waarop hij het goede van mij wegneemt om de kracht te bundelen, zou ik wel de discussie met hem willen aangaan en willen onderhandelen. En soms ook willen weglopen. Dan zegt Jezus dat we in hem moeten blijven, zodat hij in ons kan blijven. Weglopen voor door mijzelf gekozen taken schenkt mij geen verlichting. Wanneer roeping te maken heeft met gehoorzaamheid, dan ervaar ik dat het duidelijkst op die momenten waarop ik in mijzelf moet snoeien: ja zeggen tegen de beperking.

De twee ‘vruchten’ die God mij heeft toevertrouwd, groeien op, nemen hindernissen in hun leven, maken stappen door in hun ontwikkeling en steeds weer opnieuw dienen wij als ouders onszelf af te vragen hoe we hen het beste kunnen steunen, welke bijdrage wij concreet aan hun leven moeten leveren. Hun kindertijd en lagereschoolperiode zijn voorbij, de puberteit staat voor de deur. Wanneer ik rondkijk in mijn kennissenkring, zie ik een zeer gevarieerd beeld. Sommige gezinnen komen schijnbaar zonder problemen deze periode door, andere hebben soms problemen en weer andere gezinnen krijgen te maken met heftige uitbarstingen. Dat maakt onzeker. Natuurlijk willen wij als ouders onze kinderen zoveel mogelijk begeleiden in deze fase van hun ontwikkeling. Ik kan niet gewoon teruggrijpen op mijn eigen ervaringen, want de tijden zijn sterk veranderd. Een aantal jongeren in onze omgeving heeft bijvoorbeeld serieuze problemen met hun computergebruik. Dertig jaar terug was dat absoluut nog geen item. Onlangs vroeg ik een moeder van drie inmiddels volwassen kinderen, die ik de laatste acht jaar – alle drie midden in de puberteit – van nabij heb gadegeslagen en meegemaakt, wat het geheim was van haar opvoeding. Het zichtbare resultaat bevalt mij en als ik ook maar iets van haar kan leren, wil ik dat graag. Ik was zeer onder de indruk van haar antwoord. Ze vertelde me dat ze hadden besloten bij moeilijkheden of onopgeloste problemen met betrekking tot hun kinderen altijd te streven naar de beste oplossing. Als er iets is, zijn er altijd verschillende oplossingen en een groot aantal daarvan is goed. Dat vonden ze echter niet genoeg en ze vroegen zich steeds af wat in die bepaalde situatie het beste was. Ze hadden daarvoor de hulp van de Heilige Geest nodig, die in dit soort gevallen wijsheid schenkt. Hun ervaring was, dat de juiste oplossing meestal ook de oplossing was die de meeste kracht vergde. En het betekende ook altijd dat andere dingen niet konden.

Het vergde in de allereerste plaats opoffering van de ouders om zich te wijden aan hun tieners, tijd in hen te investeren en belangstelling te tonen, er te zijn en het gevecht te doorstaan. Deze ouders baden hun kinderen door een aantal stormachtige jaren heen, ze leden samen, vierden samen feest en gaven vooral nooit op. Dat betaalt zich nu uit. Het goede laten, opdat het beste vrucht kan dragen. Is dat niet precies waarom een wijnstok wordt gesnoeid? Oog hebben voor de rijkste vrucht en daarom afzien van andere.

Ik ervaar ons huwelijk als een rijpende vrucht, die verzorging en inzet vraagt, opdat hij niet sterft maar wint aan schoonheid, smaak en rijpheid. We zijn elkaar een genot, ondersteunen elkaar, verblijden elkaar en vullen elkaar aan. Dat ervaar ik niet altijd zo. Soms voel ik me voor de keuze gesteld om toe te geven aan deze gevoelens. Dan probeer ik mijn man te veranderen. Op die momenten lijkt hij van graniet. Mijn adviezen, kritiek, gemopper en ontevredenheid leiden niet tot het gewenste resultaat. Op die ontevredenheid stranden huwelijken, steeds vaker ook die van christenen. Ik word altijd verdrietig wanneer ik hoor dat gelovige vrouwen – totaal onverwachts voor hun mannen – het bijltje erbij neergooien, hun man en soms ook hun kinderen verlaten en hun geluk zoeken bij een nieuwe partner. Hoeveel leed en zich niet begrepen voelen schuilt daarachter? Ik zie zo'n radicale breuk ook als een uitdrukking van grote ontevredenheid met de eigen levenssituatie, gevoelens die ik zelf ook ken. Maar het kan toch niet de bedoeling zijn dat de benauwenis waarin wij als moeders in het bijzonder kunnen belanden, zulke rotte vruchten voortbrengt. In mijn visie zijn er twee manieren van verdringen, die voorafgaan aan zo'n radicale breuk. De eerste is de evangelische opvatting dat wij moeten doorstaan wat God van ons vraagt. We zwijgen, verbergen onze schaamte over wat er werkelijk met ons aan de hand is en houden vol. Daardoor stompen we af, bekoelen onze gevoelens en sterft ons huwelijk een zachte dood. Het huwelijk is echter een bouwplaats, waarop we gezamenlijk aan het werk zijn, waar wel eens spleten ontstaan, een likje verf nodig is, waar het ook wel eens gevaarlijk wordt, maar uiteindelijk ontstaat een bezienswaardig gebouw met uitstraling. De tweede manier van verdringen vindt plaats in huwelijken waarin een luidruchtige strijd woedt. Een akkoord sluiten op zich verdient namelijk nog geen respect. Ons huwelijk behoort tot deze categorie. Wij vertellen elkaar wat ons bezighoudt. Juist dan betrap ik mezelf er vaak op hoe dikwijls ik eisen stel aan mijn partner en hem verantwoordelijk houd voor dingen die in de kern niets met hem te maken hebben. Ik erger mij bijvoorbeeld wanneer hij heerszuchtig bepaalt wat wij als gezin op een vrije middag gaan doen. 'Ik heb niets in te brengen', mok ik in mezelf. Blijf ik daarin hangen, dan verdring ik iets wat mijn ziel werkelijk beroert. Wanneer ik beter kijk, realiseer ik me dat mijn onverschilligheid, besluiteloosheid en zelfs het feit dat ik niet weet wat ik wil evengoed de oorzaak zijn als de heldere wensen en overtuigingen van mijn man. In plaats van mijn man 'machogedrag' te verwijten, zie ik het voorval – toegegeven, pas na een tijdje – als een mogelijkheid om erachter te komen wat ikzelf diep in mijn hart wil. Daarbij komt pijn naar boven, maar ook dankbaarheid dat ik niet in deze oude patronen gevangen hoef te blijven zitten. Wanneer ik het toelaat en hij iets nieuws in mij tot stand mag brengen, werkt Jezus' kracht om op te staan. Ga ik op deze basis het gesprek aan met mijn man, dan vind ik een open oor en hart. Niet de verwijten aan zijn adres, maar het nieuwe dat in mij groeit, vormt de basis voor een andere manier van omgaan met elkaar in ons huwelijk. Het loont de moeite deze zwakheden te onderzoeken en lief te zijn voor jezelf.

Onze huwelijksrelatie is drastisch veranderd sinds we kinderen hebben. Het feit dat we ons bewust zijn van onze verantwoordelijkheid, onze gemeenschappelijke taak, ons beider nieuwe rol en de stress hebben wel een paar sporen achtergelaten. Een deel van de ongedwongenheid en zorgeloosheid is voor altijd weg. Juist daarom is het zo belangrijk om tijd zonder de kinderen, gewoon met z'n tweetjes, door te brengen. De invulling is niet altijd hetzelfde, maar vaak krijgen we op de een of andere manier toch weer vleugels. Voor mij is het belangrijk dat ik mijn man kan ontmoeten los van mijn rol als moeder. Het liefst ben ik dan niet thuis, zitten we in een leuk restaurant, gaan we lekker lang wandelen, naar een concert of, indien mogelijk, een lang weekend weg. Dan voel ik dat de romantiek terugkeert, onze harten zich naar elkaar toewenden, hoe goed het mij doet dat ik zijn aandacht niet hoef te delen. De kinderen en hun behoeften en het werk met alle daaraan verbonden eisen moeten even wijken, zodat deze vrucht alle ruimte kan innemen die nodig is! Je kunt in het leven veel bereiken, wonderbare werken verrichten en veel mensen tot zegen zijn. Maar als daarbij je eigen kinderen en je huwelijk onderweg vast komen te zitten, is dat een groot verdriet. Het gezin vormt juist het uitgangspunt voor de zegen, die daar bovenuit stroomt. Om dit mogelijk te maken, verdient het gezin de hoogste prioriteit.

Deze eerste plaats behoeft het gezin niet omwille van het gezin zelf, maar omdat hier leven ontstaat, wordt geleerd hoe te leven en omdat van hieruit het leven uitvliegt de wijde wereld in. Hoe een gezin functioneert, is – afhankelijk van de cultuur en ook van de historische randvoorwaarden – heel verschillend. In onze cultuur staat de emancipatie steeds meer en op verschillende wijze ter discussie. Vrouwen voelen zich misleid, omdat ze niet de hele waarheid te horen krijgen. Ze werden aangemoedigd hun talenten te ontvouwen, een goede opleiding te volgen en hard te werken aan hun carrière. In dit hele proces spatte hun droom om kinderen te krijgen uiteen en kwamen ze tot de bittere conclusie dat ze niet aan alle eisen tegelijk kunnen voldoen, dat ze keuzes moeten maken. Ze voelen zich overvraagd, lijden onder schuldgevoelens, voelen zich onder druk gezet en teleurgesteld. En gaan op zoek naar oplossingen. Anderen passen op hun kinderen, de rollen worden omgedraaid, ze gaan 'terug naar het aanrecht', minder werken: allerlei mogelijke oplossingen worden besproken en uitgeprobeerd. Een kant-en-klare oplossing blijkt er niet te zijn. Er is een aantal maatschappelijke randvoorwaarden gecreëerd. In Zwitserland kennen steeds meer scholen bloktijden, waardoor de kinderen een beter gestructureerde dagindeling hebben en de verzorgende ouder een paar uur de handen vrij heeft. In andere landen gaan kinderen al decennialang hele dagen naar school, waardoor de ouders een groot deel van de verzorging uit handen wordt genomen. Deze maatschappelijke randvoorwaarden hebben voordelen maar zeker ook nadelen. Elk gezin wordt voor de vraag gesteld hoe daarmee om te gaan, wat de prioriteiten zijn en hoe om te gaan met het geschenk van het leven dat hun is toevertrouwd. Die vraag vormt voor alle gezinsleden een uitdaging. Kun je leven met een lager inkomen wanneer daar tegenover staat dat je meer bij je kinderen kunt zijn? Kan de ene ouder afzien van een volgende carrièrestap om de andere in staat te stellen zijn of haar talenten te ontplooien?

Voor ons als ouders was het duidelijk dat wij zelf voor onze kleine kinderen wilden zorgen. Natuurlijk kregen we daarbij hulp van buitenaf, maar slechts sporadisch, alleen wanneer het nodig was. Ik ben ervan overtuigd dat wij als ouders vooral voor baby's en peuters een centrale rol vervullen. De eerste drie jaar zijn in ontwikkelingspsychologisch opzicht zo belangrijk, dat ik deze taak graag op mij heb genomen. Natuurlijk zijn er situaties waarin dat niet mogelijk is en er creatieve andere oplossingen moeten worden gezocht.

Maar ik ben ook een kind van mijn tijd. Ik kreeg in mijn jeugd te maken met de verworvenheden van de emancipatie: ik kreeg een goede opleiding, ben mij bewust van mijn eigenwaarde als vrouw, weet dat ik nog andere talenten heb behalve voor het huishouden, ben geïnteresseerd in wat er in de wereld gebeurt en wil graag een actieve bijdrage leveren. En deze kant van mij mag niet op ijs worden gezet totdat de kinderen het huis uit zijn. Dat leidt onherroepelijk tot spanningen. Die spanningen kunnen niet worden onderdrukt door mijn behoeften helemaal uit te leven, maar ook niet door ze te negeren en te onderdrukken. Ik heb een oriëntatiepunt nodig buiten mijzelf. Ik probeer erachter te komen wat God met mijn leven en ons leven als gezin wil. Toegegeven, dat is niet altijd eenvoudig en duidelijk. Hij is de oorzaak van mijn innerlijke strijd en de vele gesprekken die ik met mijn partner voer, voor wie precies hetzelfde geldt. Hoe kunnen we het beste omgaan met onze roeping een gezin te zijn? Door de geslachtsspecifieke verschillen tussen ons zijn we voorbestemd voor een bepaalde taak. Maar welke taak we moeten vervullen, is lang niet altijd zo eenduidig als bij het baren of borstvoeding geven. Een duidelijke rolverdeling laat zich niet altijd biologisch bepalen. Hoe dekken we de materiële, emotionele en psychische behoeften af? Hoe verzorgen we de rijpende vruchten in onze kinderen en in onze relatie? Wat is onze bijdrage in de gemeente en de wereld?

Een erfenis nalaten

Gezien deze grote uitdagingen werd het idee van de erfenis belangrijk voor mij. Een erfenis is alles wat we als ouders uit het gezin waaruit we zelf afkomstig zijn meenemen, overnemen en krijgen. Duidelijk is wat tot de materiële kant behoort: onroerend goed en bezittingen, bankrekeningen, kostbare erfstukken in de vorm van sieraden of kunst, waardepapieren, soms hele bedrijven. Soms zijn er ook schulden, weinig contanten, is er nauwelijks een aandenken. De erfenis omvat echter ook de familiegeest, de manier van leven, de fundamenten die zijn gelegd, evenals het open oog voor de dingen in de wereld, de culturele binding, ambachtelijke vaardigheden, de commerciële instelling, de waarden en normen, maar ook de ontwrichte verhoudingen, de ziekten, de vijandige levenshouding. De erfenis is wat ik toevoeg aan het leven van mijn kinderen, op een dusdanige manier dat het op de lange termijn vrucht zal dragen in hun leven, zowel in materieel als in immaterieel opzicht.

De confrontatie met de erfenis is een opdracht voor de geest, het verwerken van de eigen geschiedenis. Ik ben ervan overtuigd dat wij onze kinderen geen grotere dienst kunnen bewijzen dan door onszelf te verzoenen met onze eigen achtergrond. Naast de dankbaarheid voor de zegen die rust op mijn eigen familielijn, hoort daar ook bij het erkennen en doorbreken van de negatieve invloeden. Dat is meer dan het vaststellen en doorzien ervan, belangrijk is dat Jezus' kracht om op te staan, de dood te overwinnen, gaat werken. Het gaat om nieuw leven! Dat was voor mij toen wij trouwden een belangrijke realiteit. Niet alleen in mij schiep God nieuw leven, wij als echtpaar hadden ook de toezegging van God dat hij alles nieuw maakt. Onze erfenis en toekomstige ontwikkeling werden niet meer alleen bepaald door onze fysieke afkomst, God beloofde dat hij in onze gemeenschap nieuwe dingen zou stichten. We kregen rechtstreeks van de hemelse Vader een erfenis toebedeeld. Ik wil daarmee op geen enkele manier het belang van de aardse familie bagatelliseren. Maar realiteit is ook dat God ons een erfenis schenkt. Dat gebeurt doordat hij onze tekortkomingen terugbetaalt en onze gebreken corrigeert. Het gebeurt ook doordat hij heel nieuwe dingen in het gezin inbrengt of dingen die eigenlijk al in aanleg in de familiegeschiedenis aanwezig waren maar nog niet aan de orde waren geweest, opnieuw tot leven wekt. Het begrip 'erfenis' wordt in de Bijbel op een aantal plaatsen omschreven met 'lot'. Ik vind dit wel een mooi woord, omdat erin iets doorklinkt van de willekeur die de erfenis inhoudt. Ik kan niet bepalen hoe het lot valt en wat mij wordt toebedeeld. Mijn taak in het leven is daar goed mee om te gaan. Daar gaat het uiteindelijk om: of ik trouw was aan weinig of aan veel. Of je uit een kunstenaarsfamilie komt of uit een arbeidersmilieu, uit een ontwikkelingsland of West-Europa, rijk bent of arm, aanzien geniet of een onbeduidende rol vervult: het zijn maatstaven van deze wereld. Daarin legt God zijn erfenis, bouwt hij zijn rijk, wil hij dingen bewerkstelligen die eeuwigheidswaarde hebben en zoekt hij gezinnen die deze uitdaging willen aangaan.

De erfenis is ook de nalatenschap die wij onze kinderen schenken. Het immateriële deel daarvan begint al in het eerste levensuur, waarin hun basisbehoeften op alle niveaus worden bevredigd. In de zwangerschap leg ik daarvoor de basis door voor mijn eigen lichaam en het lichaam dat in mij groeit te zorgen, het juiste voedsel tot mij te nemen en schadelijke invloeden te mijden. Of door genoeg rust te nemen, mijn kind te zegenen, ervoor te bidden en er contact mee te zoeken. Tijdens de groei veranderen de behoeften en mijn bijdrage. De waarden die wij in ons gezin hanteren zijn een deel van die erfenis. Het avontuur dat wij gezamenlijk beleven, maar ook de ervaringen die we onze kinderen in hun eentje laten opdoen en op de achtergrond begeleiden, dragen bij aan de erfenis die in hen groeit. Vragen als 'Hoe gaan wij om met emoties?' – 'Hoe gaan wij om met relaties?' – 'Welke verantwoordelijkheden nemen wij op ons?' – 'Welk belang hechten wij aan prestaties?' of 'Wat is de betekenis van geld?' zijn centrale thema's.

Bij deze immateriële erfenis is nauwelijks uit elkaar te houden hoe groot de invloed is van genetische invloeden, de manier waarop wij zijn gesocialiseerd en de goddelijke beschikking. Mijn man en ik zijn in zeker opzicht nogal eenzijdig. We zijn niet echt geïnteresseerd in dingen met je handen doen, we lezen veel, houden ons met mensen bezig, hebben graag contact, doen aan planning en ontwikkeling en adviseren voor ons werk. Onze kinderen waren nooit van die typische 'Legokids', onze zoon speelde liever met pannen en een bezem van wilgentenen bij mij in de keuken, de kinderen deden rollenspellen met denkbeeldige speelkameraadjes of ze speelden met hun vrienden. We zijn alle vier communicatief ingesteld en relatie-georiënteerd, zij het op een verschillende manier. De een is meer het ondersteunende type, dat de ander ziet; de ander is meer het leiderstype. Op grond van het feit dat wij ons alle vier lekker voelen in een groep en daar bovendien beter functioneren als gezin, nemen we aan dat onze erfenis in die lijn ligt. Je kunt een erfenis gebruiken en er profijt van trekken maar je kunt hem ook over de balk gooien. Wij vragen ons echt af wat wij als gezin kunnen doen om onze erfenis ten goede te laten komen aan de ontwikkeling van onze sterke kant en die zo te vergroten. Wanneer God ons wat dit betreft een roeping heeft gegeven, willen we een omgeving creëren waarin het aan de ene kant ons als gezin goed gaat en aan de andere kant anderen kunnen meedelen in de zegen die God ons gezin overvloedig schenkt.

Het geestelijke deel van de erfenis is een elementaire basis voor hetgeen wij onze kinderen meegeven. Ouders die zijn opgegroeid in een gezin waarin God geen of slechts een marginale rol heeft gespeeld, beginnen wat dat betreft zelf bij nul. Ze zijn een paar dat zich heeft losgemaakt van een groot schip en nu in een reddingsboot door de golven roeit. De overgeërfde koers van de familiekruiser komt niet meer overeen met de koers die zij willen inslaan en in sommige opzichten is een totale koersverandering nodig. Ze leren met hun kinderen te roeien in de kleine boot, maar worden onderweg geconfronteerd met gevaren en moeiten die op een groot schip veel beter kunnen worden getrotseerd. Ze hebben geen rugdekking. Ze moeten de dingen opnieuw ontdekken en hun boot drijft steeds verder af. Hopelijk is hun bootje generaties later weer een grote, sterke boot.

Staat een gezin in geestelijk opzicht achter een kind, dan heeft het de moed dingen uit te proberen, de geloofskaders waarbinnen dat gebeurt, zijn dan vanzelfsprekend. Tijdens het volwassen worden probeert het waarschijnlijk af en toe iets uit buiten het grote schip. Het moet beslissen of het daadwerkelijk deze koers in zijn/haar leven wil volgen. Het zal vast en zeker ook op zijn eigen manier zijn/haar aandeel in de boot vorm geven, maar de oriëntatie van de gezinsboot op de koers van Jezus is zeker. Daarin ligt een grote kracht om te leven en voor elk gezinslid de kracht om zich vast te grijpen aan zijn/haar individuele roeping. Onze dochter zei het eens zo: 'Toen ik nog een baby was, wist ik al dat God bestaat en dat ik bij hem hoor. Samen met jullie hoorde ik altijd al bij hem.' Kindergeloof? Ja, het zal nog moeten rijpen. Maar ze verwoordde hiermee de vanzelfsprekendheid van haar relatie met God, die ze als erfenis had meegekregen.

Geroepen zijn, vrucht dragen en de erfenis doorgeven vormen de basis van ons bestaan, de zin van ons leven. De elementen hebben met elkaar gemeen, dat we ze niet in een totaalplaatje kunnen vatten, maar er een voor een vertrouwd mee moeten raken. De brief aan de Hebreeën noemt het geloof de basisvoorwaarde om je zo in het leven te kunnen bewegen. In het elfde hoofdstuk worden de voorouders opgesomd, die alleen door hun vertrouwen op God en hun geloof hun roeping en bestemming vonden in de belofte en een erfenis konden nalaten. Ze zetten daarbij eenvoudig en duidelijk zichtbaar concrete stappen en vertrouwden erop dat God daaruit het grote beeld samenstelt. Ze zagen in hun aardse leven slechts een fractie van de belofte die hun was gedaan, andere generaties hebben de rest als erfenis doorgegeven. Zo staat er in de brief aan de Hebreeën over Abel, Henoch, Noach, Abraham en Sara: 'Zij allen zijn in geloof gestorven; wat hun beloofd was zagen ze geen werkelijkheid worden, ze hebben slechts een glimp ervan begroet, en ze zeiden van zichzelf dat zij op aarde leefden als vreemdelingen en gasten.' (Hebreeën 11: 13).

Het is een grote uitdaging om in het dagelijkse gezinsleven de blik daarop niet te verliezen. We lijken te worden overweldigd door allerlei futiliteiten. Dan is het soms nodig om naar de washoop te vluchten en een blik op te vangen van het Beloofde Land daarachter.

Literatuuroverzicht

Bianka Bleier/Birgit Schilling, *Besser einfach, einfach besser. Das Haushalts-Survival-Buch*, Wuppertal, 2002

Richard Clinton/Paul Leavenworth, *Leiterschaft – wie fange ich an?*, Oberweningen, 1997

Lawrence J. Crabb, *Druk van de ketel*, Uitgeverij Medema, 2004

Werner Tiki Küstenmacher/Lothar Seiwert, *Simplify your life – makkelijker en gelukkig leven zonder ballast*, Uitgeverij Thema, 2003 (alleen via Google Books in te zien)

BIJBEL, HUWELIJK EN GEZIN

Betrouwbare boeken van Uitgeverij Kok over huwelijk en gezin

Eerder verschenen in deze serie:

Alie Hoek-van Kooten
Trouw en teder. Seksualiteit in het huwelijk
ISBN 978 90 435 1642 6

Drs. A.B.F. Hoek-van Kooten, Ds. G.J. van Steeg e.a.
Op weg naar samen. Werkboek voor bijbelse huwelijksvoorbereiding
ISBN 978 90 435 1637 2

D.M. Lloyd-Jones
Ouders en kinderen. Paulus als pedagoog
ISBN 978 90 8865 011 6